# Meine schöne Frau.

Thomas Woolner

(Herausgeber: Henry Morley)

Writat

Diese Ausgabe erschien im Jahr 2024

ISBN: 9789359943756

Herausgegeben von
Writat
E-Mail: info@writat.com

# Inhalt

# EINFÜHRUNG.

„Ein Strahl aus dem höchsten Himmel hat mich durchbohrt
—

ich habe an den Wert geglaubt und glaube noch immer."

So geht es in Mr. Woolners Lied, das den Ausgang einer edlen irdischen Liebe zeigt, die eins mit der himmlischen ist. Sein Ausgang ist das Leben der hohen Bestrebung , in dem

„Diejenigen, die mehr sein wollen
als diejenigen, die feiern, lachen und sterben, werden die
Stimme der Pflicht hören wie den Ton des Krieges, der
ihren Geist für große Unternehmungen stärkt und jede
Sehne für den Angriff spannt."

Diese Bibliothek beruht auf dem Glauben an den Wert und auf dem Wissen um das weitverbreitete Verlangen der Menschen, Bücher zu lesen, die wirklich Bücher sind und die, wie Milton sagt, „eine Lebenskraft in sich tragen, die sie so aktiv macht wie die Seele, deren Nachkommen sie sind; ja, sie bewahren wie in einem Fläschchen die reinste Wirksamkeit und Essenz des lebendigen Geistes, der sie hervorgebracht hat." Wenn also, wie es jetzt zum zweiten Mal geschieht, ein genialer Mann, der in der Hoffnung geschrieben hat, die Herzen und Gedanken der Menschen zu erheben, indem er den Schätzen des Landes ein weiteres wahres Buch hinzufügt, uns durch eine solche Anerkennung unseres Ziels und sein Mitgefühl dafür ehrt , dass er einen Teil seines ausschließlichen Rechts an seinem eigenen Werk aufgibt und anbietet, es kostenlos zusammen mit den anderen Bänden unserer Reihe zur Verfügung zu stellen, dann nehmen wir das Geschenk, wenn wir das so sagen dürfen, im Geiste des Gebers an und sind umso glücklicher über diesen Beweis, dass wir nicht vergeblich arbeiten.

Solche Beweise gibt es in anderer Form: etwa in Briefen von Lesern aus abgelegenen Gegenden, aus dem fernen Westen, von Schaffarmen in Australien, aus dem fernsten Indien, von Orten, zu denen diese kleinen Bände als Pioniere ihren Weg finden; sie sind fast die ersten echten Bücher, die dort zu sehen waren. Eine echte Stimme herüberzuschicken, zur Freude und Unterstützung ernsthafter Arbeiter, die ihre Herzen weit öffnen für ein gutes Buch auf eine Weise, die wir kaum verstehen können — wir, die wir verschwenderisch inmitten des Überflusses leben und manchmal dazu neigen, wegzugehen, um auf den schönen Bergen zu fressen und auf dem Moor zu mästen — ist die Mühe eines jeden genialen Mannes wert, der seine Seele in seine Arbeit steckt, wie es Mr. Woolner tut.

Bücher in der „Nationalbibliothek", die wie die von Herrn Patmore und Herrn Woolner stammen, sind hier als Freunde und Begleiter. Wenn sie nicht hoch geschätzt würden, wären sie nicht hier. Über diese implizite Meinung hinaus gibt es nichts zu sagen. Er wäre ein schlecht erzogener Gastgeber, der seinen Gast kritisiert oder ihn vor seinem Angesicht lautstark lobt. Auch ein bekannter Mann unserer Zeit bedarf keiner persönlichen Vorstellung. In Anbetracht dessen, dass dieses Buch von vielen gelesen werden wird, die nicht wissen können, was diejenigen wissen, die Zugang zu den Werken von Künstlern haben, wird nur gesagt, dass Herr Thomas Woolner ein königlicher Akademiker und einer der bedeutendsten Bildhauer unserer Zeit ist Tag. Einige Jahre lang, von 1877 bis 1879, war er Professor für Bildhauerei an der Royal Academy. Eine kolossale Statue von Captain Cook aus Bronze wurde von ihm für einen Standort mit Blick auf den Hafen von Sydney entworfen . Der Geist eines Dichters hat seine Arbeit auf dem Marmor zum Leben erweckt, und als er mit Mr. Millais, Mr. Holman Hunt und anderen zusammen war, die sich im Jahr 1850 bemühten, Wahrheit und Schönheit des Ausdrucks in die Kunst zu bringen, durch Aufgrund der kühnen Reaktion gegen zahme und unaufrichtige Konventionen, für die Herr Ruskin plädierte und die die Zeit erforderte, beteiligte sich Herr Woolner an der Produktion einer Zeitschrift mit dem Titel „The Germ", zu der einige der Verse in diesem Band beigesteuert wurden.

Mehr gibt es nicht zu sagen. Aber lassen Sie Wordsworth auf einer anderen Seite die Bücher loben:

> Doch ist es nur
> Das hier, in Erinnerung an alle Bücher, die ihre sicheren
> Grundlagen im Herzen des Menschen legen, sei es durch
> einheimische Prosa oder zahlreiche Verse. Das im Namen
> aller inspirierten Seelen – von Homer, dem großen
> Donnerer , von der Stimme
> Dass brüllt über das Bett jüdischer Lieder, und das
> vielfältiger und ausgefeilter, diese Trompetentöne der
> Harmonie, die unsere Küsten in England erschüttern –
> von den höchsten Tönen bis hin zu den tiefen und
> zaunkönigsartigen Trällern , gemacht
> für Häusler und Spinner am Rad und sonnenverbrannt
> Reisende , die ihre müden Glieder
> unter Hecken am Wegesrand ausruhen, Balladenmelodien,
> Nahrung für die hungrigen Ohren der Kleinen und der
> alten Männer, die ihre Freuden überlebt haben – es ist nur
> das im Namen dieser, der Werke, und der Männer, die sie
> umrahmten, ob bekannt oder bekannt Ich schlafe
> namenlos in ihren verstreuten Gräbern, dass ich hier ihre

Rechte geltend machen, ihre Ehren bezeugen und ein für
alle Mal
ihren Segen aussprechen sollte; sprich von ihnen als
Kräften, die für immer geheiligt werden; nur weniger für
das, was wir sind und was wir werden können, als das
Selbst der Natur, das der Atem Gottes ist, oder sein reines,
durch Wunder offenbartes Wort.

*Präludium, Buch* V.
HM

# MEINE SCHÖNE DAME.
## EINFÜHRUNG.

In manchen liegt ein Kummer, der zu tief ist,
um eine Stimme zu finden oder sich in der Anstrengung der täglichen
Arbeit oder Gedanken zu offenbaren, oder während Gesprächen, die aus
verbündeten Seelen entstehen, wie irgendjemand verstehen kann. Und
obwohl ihre Wangen vielleicht dünner werden oder herabhängen; und der
Glanz ihrer Augen lässt nach ; Haare können ihre Farbe verlieren oder
ausfallen;
Und die Gesundheit kann stark nachlassen; und sie sind älter als ihre Jahre;
und doch scheinen sie für andere ihr Leben mit Fröhlichkeit zu vergolden,
und jede Pflicht neigt dazu, als ob ihre Aspekte die innere Wahrheit sagten.
Aber sie sind nicht wie die anderen: nicht für sie der rasende Puls und die
Glut des Verlangens,
die Verzückung und das Staunen über die Dinge des Neuen; die Hoffnung,
die klopfend eindringt, wo Vollkommenheit dem universellen Leben
zulächelt; noch haben sie mit elastischem Unternehmungsgeist Freude an
umfassenden Ergebnissen vorhergesagt; noch Nachdem sie ihre Ziele
erreicht haben, fallen sie gottgleich zurück und genießen die ruhige
Vollendung des Inhalts. Aber in einer nüchternen, kühlen, grauen
Atmosphäre trainieren sie ihr Leben; Auch wenn sie vielfältiger sind als
Geschöpfe in den unbekannten Tiefen des Ozeans, so ist doch jeder, in
dem dieser lebenswichtige Kummer Wurzeln hat, abgestumpft gegenüber
dem, was alles wertvoll macht. hörte den Jubel der Lerche. Dennoch zieht
dieses tiefe Gewicht immer stetig ihre Gedanken und Leidenschaften
zurück zu geheimem Leid. Doch wenn sie mit Licht ausgestattet sind,
können heroische Taten erreicht werden; und wenn sie gütig gebeugt sind,
können sie ihr ganzes Leben lang geschätzte Segnungen sein; doch Kraft
und Güte sind für sie wie Träume, und sie achten vage darauf, ob ihr
wacher Anblick mit schrägem Sturm gegen die Scheibe konfrontiert wird,
oder Sonnenschein, der auf den Blättern glitzert, die in reinstem Blau
spielen luftige Sommermorgen.

Woher entspringt diese tiefe Trauerquelle, die
für ein vom Menschen geworfenes Senkblei unergründlich ist? Ach, wer
kann es sagen! Woher kommt der Wind, der den Ozean in rasende Arme
hebt, die riesige Schiffe an den Felsen packen und zerschmettern und sie
zerstreuen, als wären sie leicht zusammengedrückt, wie kleine Eierjungen in
mutwilligem Unheil gegen einen Baum geworfen werden? Woher,
verabscheuungswürdig für den Menschen, der unter den Monsterkiefern
leidet, die Macht, die in die ungeheuerliche Masse der holzfällenden

Krokodile böses Lebensfeuer legt? Die aus Bergpyramiden eine Flut aus Lava sprudelt, die Werke und Menschen in brennende, stinkende Ruinen überwältigt? – Die Macht, die eine Stadt mit einer Pest sticht: oder das hübsche Baby, das auf dem Schoß seiner Mutter den verschwenderischen Kuss und das Lachen zurückplappert, durch Begierden und Unterwürfigkeit gegenüber hartnäckiger Sünde in einen mit Messern bewaffneten Mitternachtsmörder verwandelt?

Unser Leben ist ein Geheimnis und wird selten gescannt, während wir Geschichten lesen, die von sterblicher Feder geschrieben wurden. Wir können vielleicht einen verirrten Schuss erwischen und hier oder da die angedeutete Textur dieses erstaunlichen Webstuhls verfolgen, der unser Schicksal webt. Zwei Eltern, spät im Leben, sind glücklich gesegnet mit einem klugen Kind, ein Wunder in seinen Jahren, für seine Lieblichkeit und sein vielseitiges Genie: Irgendein gewöhnliches Übel zerstört ihn; Beiden Eltern bleiben bis zu ihrem Tod nur lebende Gräber übrig, die das einzige tote Bild ihrer Freude enthalten. Ein Mann, die Blume der Ehre , der seine geliebte kleine Tochter gefunden hat , floh von zu Hause, von ihrer Jungfräulichkeit gefallen, ein Namenloser Ding, das sein Blut befleckt. Ein Jüngling, der die Kraft seines ganzen Wesens in die Liebe zu einem Menschen steckt, antwortet ihm mit einem honigsüßen Lächeln und verlässt sein Land für ein fernes Land, auf der Suche nach Reichtum, von dem er hofft, dass er sie zärtlich mit erlesenen Freuden beehren wird, und bei der Rückkehr sieht, wie das honigsüße Lächeln andere Lippen versüßt. Ein Ehemann, der diesen Haushaltsfluch entdeckt hat, eine treulose Ehefrau. Ein Denker, dessen durchdringende Fürsorge erkennt, dass seine Nation den Weg geht, der in Schande endet. Eine gnädige Frau, deren Zurückhaltung die Macht verweigert, das auszudrücken, was ihr Herz verzehrt. Solche Vorfälle (und manche sind ein Verlust, den man nicht kennen muss), deren unerschütterliche Zurückhaltung vor denen schützen wird, die erniedrigt oder geschwätzig sind, deren Herzen verdorben sind, aber lernen Sie die düsteren Geheimnisse ihrer Art kennen, um sie zu vergiften - Verlieren Sie Ihren Verstand oder tappen Sie und grinsen Sie mit pharisäischem Gelächter über die Schande) – Solche Fälle wie diese erfordern keinen Führer, um die düsteren Probleme von ihrer Quelle zu verdrängen ! Aber es gibt noch andere, die fest im Verborgenen liegen, dunkel, hoffnungslos und unaussprechlich traurig, die es noch nie gab und vielleicht auch nie erfahren werden.

Dann können wir wohl denjenigen glücklich nennen, dessen Kummer, vermischt mit heiligen Erinnerungen an die Vergangenheit, anderen erzählen kann, wie der Sturm aufkam, der ihn traf und einsam auf der Welt zurückließ; und der beim Erzählen fühlt, wie sein Kummer durch jenen Respekt gelindert wird, den Liebe und Kummer beanspruchen.

Es gebührt uns allen, vor allem aber denen,
denen das Schicksal ein leichtes Vertrauen
geschenkt hat, die unruhigen Reden und Gedanken im Zaum zu halten und nicht in eklatanter Eile die erste Vorstellung als die abgerundete Wahrheit vorzuurteilen. Denn wahr ist es, dass schnelle Gedanken und Die Freaks, Worte und Blicke häufiger zu überfliegen als Bosheit, fester Hass oder Verachtung, unterstützen die Verwirrung und verdrehen das Rechte; setzen den Schwächling an die Stelle des starken Mannes; und spannen die Stärke des Großen in den Müßiggang; schütten Sie Gold in die des Verschwenders Schätzen und saugen Sie den Reichtum, der eine Macht ist, von ihrer Kontrolle ab, die ihn in edlen Nutzen verwandelt hätte. Und oft schlägt ein Mann seinen Freund durch willkürliche Ausdrücke mit schärferem Schmerz, als es ein Feind könnte, und meint ihn dennoch kaum falsch; für niemanden kann diese komplexe Maskerade abstreifen und wissen, wer mit geheimen Wunden dahinsiecht. Die, die die Hauptlast des Krieges in ihren Gliedmaßen verstümmelt hat, die sich auf Krücken stützen, um ihr Gewicht zu tragen, sind für alle offensichtlich; und Ehrfurcht, denn ihr Unglück verschafft ihnen freundlicherweise Platz.
Aber Wunden, die manchmal tiefer und gefährlicher sind,
können wir in Unvorsichtigkeit durch die Menge drängeln, verärgern und unterdrücken, weil sie uns unbekannt sind. Dann, wie auch immer unsere Bedürfnisse dazu treiben, lasst uns den Entschluss fassen, einzuziehen Sanftmut; Urteilen Sie sanft, wenn wir zweifeln; und halten Sie eine Weile inne, bevor die Ungerechtigkeit greifbar verkündet wird. Bevor wir den Urteilsstrich fallen lassen: Gegen ihre schändliche List, die immer darauf wartet
, einem anderen das Recht zu stehlen, werden wir schweigend den majestätischen Frieden bewahren; Wohlwissend, dass ihr Handwerk etwas Reichhaltigeres von sich selbst nimmt. Es ist nur schicklich, die Großen zu respektieren; aber lasst uns niemals nachlassen gegenüber den Niedrigen; Wir respektieren mehr, weil ihnen die Kraft fehlt, es von der Welt zu beanspruchen. Denn es gibt Seelen mit geringen Fähigkeiten, deren Zweck ihr ganzes unbeachtetes Leben lang einen Wert
und ein ernstes Gesetz fester Integrität behält, die selbst denen eine
Ehre waren , deren Genialität die Grenzen unserer Rasse markiert.

# ERSTER TEIL.

## LIEBE.

Die Liebe kommt auf göttliche Weise und erfreut das sterbliche Leben,
wie die Sonne vor dem Blick eines Menschen aufgeht, der in einer
Wüstenwüste verwirrt und verloren ist: Der, einsam, schwach und
schaudernd, die ganze Nacht über wilde Kreaturen in der Nähe hörte und
in der Ferne das Stöhnen des Sturmwindes.

Auroralfreude
errötet die Stirn der Kindheit, erwärmt seine Wange zu rosiger Röte beim
Namen der Liebe; und frühere Gedanken streben wach in der Dunkelheit;
wie unflügge Nestlinge ihre blinden Köpfe bei Geräuschen bewegen, in
Richtung einer schönen, ihnen unbekannten Welt. Die junge Hoffnung
erklimmt azurblaue Berghöhen, um zu blicken, in der Liebe ersten
goldenen und köstlichen Traum. Er sieht die Erde als ein Labyrinth
verlockender Pfade, für glückseliges Schlendern inmitten der dichten
Blumen und der Musik der Bäche. Kein hinterhältiges Unrecht oder
vereitelnde Stürme verwirren und überraschen
dort ; sondern zögernd beschreitet der Mensch lange einen duftenden Weg;
und am Ende, mit der Liebe Hand in Hand, geht er in stolzer Pracht unter:
von dort aus, um bald mit Liebe über die Sterne hinauszusteigen und im
Himmel zu ruhen.

Der von der Liebe gestärkte Mensch kann
den Konflikt gegensätzlicher Interessen standhaft ertragen; ratloses Netz
Von Kreuzen, die ablenkend voranschreiten: Im dichtesten Sturm des
Wettbewerbs wird es stärker, bei einem flüchtigen Gedanken an die
Heimat, an sie, seine gnädige Frau und strahlende Freuden.

Zu ihm,
dem runzligen Patriarchen, der sitzt und seine geschrumpfte Gestalt unter
den Ästen sonnt, auf die er geklettert ist. Ein geschmeidiger Junge, woher
kommt dieses grüblerische Lächeln,
dessen Geheimnis seine Wangen hebt und seine Augen mit zartem Tau
überflutet? Was lässt durch seinen Körper die Trägheit schmelzen, die
süßer ist als der nahende Schlaf für jemanden, der von der harten Arbeit
eines Tages erschöpft ist? Es ist die Erinnerung an die ursprüngliche Liebe,
deren visionäre Pracht sein Leben
in himmlische Farben tauchte; und der am Tag offen stand und
gefährliche Stürze enthüllte, seine Schritte waren auf den Pfaden zum
edelsten Ende begrenzt. Nun verfolgt seine Seele, dieser trüben
Herrlichkeit folgend, müde die geheimnisvollen Tore des Todes und wartet

in geduldiger Ehrfurcht, bis sein Untergang sie entfaltet und unsterbliche
Liebe erfüllt.

Wie aus einiger Höhe, an einem wilden Wolkentag,
erblickt ein Wanderer, erfroren und erschöpft, vielleicht einen goldenen
Lichtstrahl, der durch die in Dunkelheit getauchte Landschaft auf ihn
zukommt; Erschaffung von Seen und grünen Weiden, Bauernhöfen und
Dörfern ;
Und erhellt auf seinem Weg den Wald zum Lied; wie er, dieser Wanderer,
heller wird, wenn der Pfeil plötzlich auf ihn fällt. Einen Moment lang
erwärmt, spürt er kaum seine Lieblichkeit, bevor das Licht, das scheidet,
seine traurige Seele
kälter hinterlässt , als bevor es kam.
So leuchtete einst die Liebe und segnete mein Leben: so verschwand sie in
der Dunkelheit.

## I. MEINE SCHÖNE DAME.

Ich liebe meine Dame; sie ist sehr fair;
Ihre Stirn ist blass und von einfachen Haaren zusammengebunden. Ihr
Geist sitzt distanziert und hoch, aber die Blicke aus ihrem zarten Auge
hängen in Süße herab.

Wie ein junger Wald, während der Wind durch ihn treibt,
wird mein Leben bewegt, wenn er meinen Blick zerbricht; Ihre Schönheit
gewährt meinem Willen keine andere Wahl als stille Ehrfurcht, bis sie sich
mit ihrer Stimme über meine Sehnsucht freut .


Ihre trällernde Stimme, obwohl immer leise und mild,
lässt mich oft so fühlen, wie starker Wein ein Kind hätte: Und obwohl ihre
Hand luftig und leicht zu berühren ist, bewegt sie mich mit ihrer Macht, wie
ein plötzlicher Schrecken.

Ein Falke schwebt hoch in der Luft, dessen nervöse Flügelspitzen
vor unterdrückter Kraft zittern, bevor er sich
in Wachsamkeit senkt, weniger angespannt hängt
als ich, wenn ihre Stimme meine Sinne zufrieden in der Spannung hält.

Ihre Erwähnung einer Sache, ob erhaben oder arm,
macht sie viel edler als zuvor: Wo die Sonne scheint, wird das Leben
sprudeln, und was blass ist, erhält eine Röte, reiche Farbtöne, eine sattere
Röte.

Wenn ich höre, wie Fremde den Namen My Lady verwenden,
ohne sie zu meinen, klingt das für mich nach laxem Missbrauch; Ich liebe

niemanden außer dem Namen meiner Dame; Maud, Grace, Rose, Marian,
alle gleich, sind hart oder ausdruckslos und zahm.

Meine Dame geht, wie ich einen Schwan schwimmen sah,
wo eine Herrlichkeit auf dem Wasser glänzte: Da reiten die Enden der
Weidenzweige, zitternd in der fließenden Flut, am Ufer des tiefen Flusses.

Neue Schönheiten werden erweckt ,
egal wie sie sich bewegt: Wie die sonnenbeschienene Brust eines Kolibris,
bei jedem Atemzug erstrahlt ein feuriger Farbton, wildes Gold,
verwirrendes Grün oder Blau; immer gleich und doch neu.

Wenn sie unter dem blühenden Mai wandelt,
bin ich mir ganz sicher, dass die duftenden Blüten sagen:
„ O Dame mit dem sonnenbeschienenen Haar!
Bleib und trinke unsere duftende Luft, den Weihrauch, den wir tragen:

„Deine Schönheit, Herrin, möchten wir immer beschatten;
denn in Deiner Nähe verblasst unsere Süße vielleicht nicht." Und konnten
die Bäume untröstlich sein, der grüne Saft muss sicherlich geschmerzt
haben, als meine Herrin ging.

Sie ist so hübsch! Ein herrliches Juwel
, das über dem Sommerdiadem der Blumen strahlt! Und wenn ihr Licht
unter ihnen gesehen wird, neigen sich alle in Ehrfurcht zu ihr, ihrer
fürsorglichen Königin.

Ein Mann, der so arm ist, dass Not seine Gesundheit gefährdet,
der eines Morgens in grenzenlosem Reichtum mit Erleichterung gesegnet
ist, atmet nicht so viel Freude wie ich, wenn sie würdevoller dasteht und
mich erwartet, als hohe weiße Lilien sein werden:

Und das weiße Flattern ihres Gewandes, das zu verfolgen ist,
wo Clematis und Jasmin sich verflechten, erweitert meinen Blick
triumphierend: Sogar sein Blick, der in der Höhe seine Fahne sieht, für den
Sieg.

Wir wandern unbewusst weiter, denn
die azurblaue Schönheit des Abends lockt; Wenn nüchterne Farben den
Boden durchdringen und das universelle Leben in gedämpften Tiefen des
Klangs untergeht.

Wir schlängeln uns durch ein Wäldchen , in dem sich oft
Brombeersträucher
mit losen, von den Seitenwurzeln hervortretenden Zweigen verbergen, und
legen auf unserem Spaziergang angenehme Pausen ein. Ich hebe eine
Staude mit meinem Fuß hoch und spreche über ihre Blätter und Stängel.

Oder vielleicht nimmt irgendein Dorn oder stacheliger Stängel
den Saum ihres langen Gewandes gefangen. Um ihn zu entwirren, knie ich
nieder und verwunde dabei oft mehr, als ich heilen kann. Mein Eifer bringt
sie zum Lachen.

Oder ein dünnbeiniges Rotkehlchen hüpft davor her,
springt auf einen Zweig, bleibt keck stehen und spricht ein paar deutliche
Töne, bis wir uns nähern und es dann munter in einen nahegelegenen
Busch fliegt.

Ein Schwarm Stieglitze stoppt seinen Flug
und dreht sich um eine Birke, die tief in ihren glitzernden Blättern landet.
und bleiben Sie, bis wir Angst vor unserer Annäherung haben, wenn sie mit
genervtem Triller zuschlagen.

Ich erinnere mich an Meine Dame im Wald, wie
sie den Atem anhielt und spähte, während sie dort stand, leicht auf den
Zehenspitzen balancierend, um ein Nest zu markieren, das gemütlich unten
gebaut war, Blätter, die ihre Stirn beschatteten.

Ich erinnere mich, wie sie mich verwirrt fragte:
Was könnte das seltsame Klopfen im Wald sein? Ich erzählte von
Feinschmeckerdrosseln, die, um sich an den Bissen der Oosy Rich zu
erfreuen,
die Lockennische der armen Schnecken knackten.

Und dann, als gefangener Ritter in einer Liebesgeschichte,
durch einen Hintereingang und einen dunklen Gang, vorbei an grimmigen
Waffen, wo die Dame, die er liebte, aus dem Thronstand heraus in
prächtigem Erröten zu ihm kam, sprachlos vor Scham:

Trotzdem ging mein Geist hindurch und siegte, durch Ängste,
die der Verzweiflung nahe waren, durch törichte Tränen und eine in
atemloser Flucht schwach gewordene Hoffnung, wo die Schönheit der
Liebe in reinem, hinreißendem Licht auf meinen Blick strahlte .


Denn als wir eine Senke erreichten, wo Steine
und verstreute Muschelfragmente am Rande eines mit Unkraut
überwucherten Baches verstreut lagen, sagte sie:
„ Die Luft fühlt sich feucht und kalt an.
Wir gehen nach Hause, wenn ihr wollt.“

„Mach meinen Weg nicht so schnell langweilig“, rief ich. „Sieh, wie dort
draußen in der rosigen Abenddämmerung die Wolken ihre
Pracht entfalten , während die Brise

das Gold von Blatt zu Blatt trägt und sich diese geschmeidigen Setzlinge
ganz entspannt bewegen!"

Dankbar
erschreckte in ihrer tiefen Stille eine laute Drossel die Luft mit ihrem
Gesang; dann erwachten alle Büsche der versteckten Sänger, und alle
stimmten auf den Gesang ihres Anführers in vollen Chor an.

Ein einsamer Wind seufzte in den Kiefern und sang
von längst vergangenen, vergessenen Leiden. Mein Geist schwebte über
furchtbaren Abgründen: und abscheuliche Furcht. So bitter war ich, dass
ich mir den Tod wünschte und aus einer großen Leere sprach:

„Warte, bis sein Glanz verblasst; die Sonne brannte nur,
um deine Schönheit zu erhellen!" Die Dame wandte sich mir zu, errötet
von ihren verweilenden Strahlen, stumm wie ein Stern. Mein rasendes Lob
richtete ihren erleuchteten Blick weit auf:

Als ich, entzückt von meiner Entschlossenheit, allen von
meiner großen Liebe zu ihr erzählte; wie würde mein Lebenshauch
erlahmen, wenn sie nicht für immer mit mir ihren Atem atmen würde:
Könnte ich ein Geist sein,

Wie würde ich, in der vergeblichen Hoffnung, ihre Anmut zu bereichern,
welche Juwelen und Wunder dem All entreißen? Würde durch die vage
Ferne zurückkreisen, ihrem Lächeln voller Freude entgegentreten und sie ihr
zu Füßen legen!

schweigend
ihren Kopf vor meinem, und meine Ängste waren verflogen:
( Gerade in diesem Moment hörten wir eine Glocke läuten.)
Ach nein, es ist nicht richtig, es zu erzählen; Aber ich erinnere mich gut

Wie lieb war der Druck ihrer warmen, jungen Brust
an meiner eigenen, ihrem Zuhause; wie stolz und gesegnet stand ich da und
fühlte ihre rinnenden Tränen, während ich ihr stolz die Hoffnung ferner
Jahre ins Ohr murmelte.

Den Rest bewahre ich auf: als heiligen Zauber, als Quelle
geheimer Kraft und Trost auf meinem Weg. Ihre Herrlichkeit erhellte
meinen Pfad, und Sterne über Sterne erblühten die ganze Nacht hindurch
zu Licht.

## II. MORGENRÖTE.

O Lilie, mit der himmlischen Sonne,
die auf deine Brust scheint! Meine zerstreuten Leidenschaften strömen zu
dir und bereiten sich auf eine ehrfurchtgebietende Ruhe vor.

Die Dunkelheit unseres Universums
erstickte meine Seele in der Nacht; Deine Herrlichkeit leuchtete; wodurch
der Fluch ins Licht überging.

Aus Neid erzogen; vom Schmerz befreit;
Jenseits der Stürme des Zufalls: Ich herrsche als gesegneter König meiner
eigenen Welt und kontrolliere die Umstände.


## III. MITTAG.

Träller, träller, träller, oh du fröhlicher Vogel!
Trällere, verloren in den Blättern, die meinen glücklichen Kopf beschatten;
Trällere laute Freuden, lobe deinen warmbrüstigen Gefährten, und
trällernde Schreie schreien den Aufruhr deines Herzens, deine größte
Verzückung kann meiner nicht gleichkommen.

Flatter, flatter und blitze; purpurne Blume
mit Flügeln , getrennt von deinem Stängel, der im Land der Träume
gewachsen ist! Schwebe und zittere, flattere, bis du , Schmetterling, deinen
Schatz
findest ! Doch du kannst nie einen Schatz finden, der so reich ist wie meine
zufriedene Ruhe.

Summe zufrieden weiter, du wandernde Biene!
Oder halte inne bei ausgewählten Blumen und sauge deren Süße; von
honigsüßen Blütenblättern kannst du nie den süßesten aller Süßigkeiten
schlürfen, wie ich von der Liebe —
aus dem warmen Mund der Liebe den süßesten aller Süßigkeiten ziehe.

Runder, westlicher Wind, der in dankbaren Wirbeln wiegt,
flüstert köstlich die zitternden Blumen: O könnte ich deine Lücke füllen, da
ich mit Glück erfüllt bin, würdest du solche Geräusche atmen,
ihre Blüten sollten welken und schwanken vor Liebe;
Du würdest seltenere Geheimnisse preisgeben, als
mit den paradiesischen Düften jener Bohnenfelder verweht werden; —
Diese Bohnenfeldgerüche , leicht süß und schwach,
die von Weiden erzählen, die zu Bächen abfallen, die für immer durch
sonnige Länder murmeln;
Wo Berge glänzen und sich zu silbrigen Höhen neigen, die kaum der Flügel
des größten Engels erreichen kann; Wo wundersame Geschöpfe im
Schatten erhabener Gewächse schweben, die der sterblichen Rasse
unbekannt sind; Wo opalfarbene Nebel in Träumen getrance liegen, Wo
Melodien gehört werden und nach Belieben vergehen, Und wenig Geister
lieben Blumen heiß.

Obwohl weithin flammend, Ebene aus gelben Blüten,
Ein blendendes Feuer der Pracht am Mittag!
Und erhellt den offenen Himmel, ihr leuchtenden Wolken, Mit strahlendem
Licht, das das Azurblau trübt! Euer Strahlen, ganz vereint mit dem der
Sonne,
War Dunkelheit für jene Herrlichkeit, die in mir geboren wurde.

Denn die Stimme der Liebe selbst hat gestanden, dass ihre Liebe meine ist.
Und die Hand der Liebe selbst hat meine Handfläche an ihre gedrückt. Die
tiefen Augen der Liebe haben die Liebe geblickt, von der sie sprach. Und
das junge Herz der Liebe schlug liebevoll an meinem, Als ich die Süße des
Lebens von ihren Lippen saugte.

## IV. NACHT.

Welch abgedroschene alte Torheit, unharmonische Weise
schreiben oder plappern in langweiligen Büchern Tag für Tag über die
Ursünde und das wachsende Verbrechen! Und sie kommentieren den Lauf
der Zeit, indem sie sagen, dass Unrecht über zahllose Zeitalter hinweg
Unrecht gefördert hat, während die Starken die Schwachen als Beute
auserkoren haben.

Sie brüllen von Kriegen – von Donner, den man im Traum hört;
von gewaltigen Aufständen und dynastischen Veränderungen, die in Blut
ausgetragen werden. Ich wundere mich, dass sie so oft aus Befürchtungen
hervorgehen, um als Tatsache zu bezeichnen, was allen Menschen
erscheint, die Wolkenkämpfe beobachten, die durch stürmische
Gebirgsketten wehen!

Warum füllen sie die gedruckten Seiten nicht mit Liebe,
die sie erleuchten, wie der Mond dort in der Nacht, und die heiter auf eine
Welt der Schönheit scheinen, in der Liebe immer Hand in Hand mit Pflicht
geht und das Leben, eine lange, strebsame Pilgerreise, die Arbeit zu einem
vergnüglichen Zeitvertreib macht?

Es war mir eine Freude, ihn
heute Nachmittag pfeifend hinter seinem Gespann herlaufen zu sehen, das
in gemütlichem Tempo marschierte, während das Gusseisen sich in sanfter
Anmut krümmte,
dunkle Erde, Welle gegen Welle, ohne ein Geräusch, und alles zogen
glückselig an mir vorbei, wie ein Traum.

Und jene, die ich beim Hacken auf dem Hügel bemerkte,
sprachen vertraulich über einfache Dinge, den Hochzeitstag einer Tochter,
das erste Kind eines Sohnes; wie sich der gute Gutsherr schließlich
versöhnte und den von Will geschossenen Fasan übersehen hatte: –
und zwitscherten weiter wie eine Grille.

Und diese vollkommen arkadische Pastorale,
der pfeifende Junge, der seine Schafe beim Füttern beobachtete. Und wie
ein kleiner Vogel, der vor Freude
überfließt , pfiff mein glücklicher Hirtenjunge stundenlang weiter!
Während sein treues Tier unten zusammengerollt
im Sonnenschein schlief und blinzelte.

Dieser stille Nachtwind weht himmlisch rein,
wie die Wärme eines Kindergesichts mit Grübchen. Siehe, wie Sterne
schimmern die Lichter des Dorfes in jenem lauen Tal. Jedes erzählt eine
kleine Geschichte von bescheidenem Trost, wo seine Bewohner in sicherer
Hoffnung Dankbarkeit für ihren bescheidenen Platz empfinden.

Und hier erstrahlt der erleuchtete Erker meiner Dame,
ein riesiges Glühwürmchen in der duftenden Dunkelheit. Ah, sie steht
lächelnd da in lockerem weißen Gewand und hört die Musik ihres
zukünftigen Ertrinkens, die Stille und das gedämpfte Flüstern der
Weinreben, deren gitterumklammerte Blätter sie beschatten Zimmer!

Oder sie kniet anbetend neben ihrem Bett,
in Hoffnung mit großen Augen und gebeugter Demut, in der Sehnsucht,
dass Er, der Geber, genug Kraft geben möge, um ihr zitterndes Herz
standhaft und wahrhaftig zu binden; Und dass sie dazu geführt wird, seine
züchtigenden Sorgen zum Schmerz anzuerkennen, aber zu segnen?

Oder sitzt sie vor ihrem Spiegel, Auge in Auge
mit ihrer eigenen Schönheit? (O gesegnetes Land, das beide solche
Vollkommenheiten besitzt, wenn ich richtig geraten habe !) Ach, ich frage
mich, ob
sie jetzt ihre geflochtenen, üppigen Haare auflöst
und sie wallend aus ihrer mondweißen Hand fallen lässt!

Welch eine Quelle des Reichtums für den Anblick eines Liebhabers!
Ihr offenes Haar, hörte ich ihre Mutter sagen, fällt, wenn sie sitzt, zu Boden
und schleift über die Länge ihres eigenen Fußes und darüber hinaus: Und
darf ich, in Glückseligkeit versunken , von meiner Wonne träumen,
bevor ich ihr sanftes Spiel mit Wellen beobachten kann?

Ich wage es, oh Eitelkeit! Aber wage ich
zu glauben, dass sie jetzt auf den traurigen Reim blickt, den ich lange vor
der geliebten untergehenden Sonne geschrieben habe, „Welche Zeit die
Liebe siegte, die Angst, die meine Dame gewann, während ich ungesegnet
und in stummer Verzweiflung verehrte: –
Auch jetzt gab ich es ihr zum Abschied.“ .

„O lass mich, Liebste, fallen und einmal
meine trauernde Liebe weitergeben, um dieses betroffene Herz zu

beruhigen;
Aber einmal, o Liebe, um zu fallen und
mein müdes Haupt auszuruhen, aber einmal, um in deiner unaussprechlich
zarten Brust zu weinen; und auf meinen hängenden Lidern deinen jungen
Atem zu spüren; zu fühlen, wie er süßer spielte als der Tod.

,, Dann wäre der Tod süß für den Gebeugten und Alten,
Und ertragen von mancherlei Verfolgungen; Seine Standhaftigkeit ertrug
den Angriff erbitterter Feinde lange allein, bis er wütend aufstand und alle
besiegt wurden. Wen von denen, seinen Liebsten, konnte keiner finden, sie
waren wie Blätter vor dem Wind geflohen.

,,Als er vorübergehen würde, wenn
seine Gestalten in einer himmlisch strahlenden Vision für sein schwächeres
Sehvermögen dastehen; Und durchdringend durch seine schläfrigen Ohren
ertönt hörbar ihr melodischer Ruf der Aufforderung, dorthin, wo keine
Trauertränen fließen: So, liebste Liebe, mein schwer unterdrückter Geist,
würde weinend in deinem Busen zur Ruhe sinken.“

Ihr Fenster ist jetzt Dunkelheit, bis auf den Glanz, den
der Mond darauf glasiert. In ihrem Inneren liegt sie mit ihrer geschmeidigen
Gestalt entspannt in träumerischer Ruhe und faltet kindliche Zufriedenheit
an ihre Brust,
deren wunderschönes, gleichmäßiges und heiteres Schweben die sterbliche
Zeit zu himmlischen Schlafliedern schlägt.

## V. WILDE ROSE.

, ,,Eine Wildrosenblüte des Waldes“ zu nennen , ist nur ein dürftiger
Vergleich.


Denn wer durch einen solchen Trick ein Ziel erreichen würde
, verzehrt den Wert der Rede und lässt eine purpurrote Rose bleichen.

Meine Liebe, deren Schatz an Haushaltssinn
die Pflicht mit goldenem Lohn belohnt und ihre Güte mit Verteidigung
ausrüstet :

Das süße Vertrauen in dessen Blick
entspringt gnädigen Wegen und gewinnt das Vertrauen, das sich auszahlt:

Die wechselnde Anmut ihrer stattlichen Gestalt
wird nie gesehen, ohne dass ihr Gesicht sich strahlend einer anderen Stelle
zuwendet.

Denn ein solch runder Heiligenschein leuchtet,
nur überraschte Aufmerksamkeit kennt ein lebhaftes Wunder in der Ruhe.

Können Blumen, die einen kleinen Tag
in duftender Süße atmen, vergehen und schwankend zur Erde verfallen?

Haben Sie einen Anspruch, mit ihr zu rangieren,
erwärmt in deren Seele Impulse rühren, dann blühen Sie zur Güte und aver

Ihr Wert wird sich durch sphärische Freuden bewegen
, wenn Sonnen und Systeme oben aufhören und nichts lebt außer
vollkommener Liebe?

## VI. DIE HERRLICHKEIT MEINER DAME.

Stark in der königlichen Stärke der Liebe,
thronend in einheimischen Werten. Ihre Herrschaft ruht auf der Erde:
Dessen Seele von oben herabschaut, erhabene Sterne, deren Kraft die
hellste Blume erhellt.

Ihre Schönheit wandelt in glücklicherer Anmut
als sich sanft bewegende Kitze über alte, von Ulmen beschattete
Rasenflächen. Eine Zärtlichkeit zeigt sich in ihrem Gesicht, und wie das
Morgenlicht deutet sie auf einen vollen Tag hin.

Wenn der Ort weit in den Himmel blickt,
auf der blendenden Spur der Sonne, und wenn seine Herrlichkeit sanft in
ihre offenen Augen zurückstrahlt, erfüllt sie unsere Herzen und unseren
Blick mit Staunen und Freude.

Und wenn müde Gedanken meine Sinne betäuben,
oder wenn vergangene Schatten ihre Erinnerungen auf meine Seele rollen,
kommt oft ein Trost und eine Überraschung, die durch die Dunkelheit
brechen, ihre wundervoll erleuchteten Augen.

Wie großartig und schön ist die Liebe,
die sie stillschweigend verbirgt und nur in der Tat offenbart! Sie grübelt
über Freundlichkeit; Wie eine Taube sitzt sie sinnierend im Nest des
Lebens unter ihrer Brust.

Die bereitwillige Frische, die man in der wahren Blütezeit des Menschen
kannte
, zeigt sich im frühesten Atemzug der Zeit in allen seinen
Haushaltsgewohnheiten; Sanfte Größe, subtil gestaltet mit urigen und
kindlichen Gedanken.

Sie sitzt zur Musik: Finger fallen,
Luft zittert; Ihre erhobene Stimme lässt die geschmeichelte Hoffnung
jubeln, und zitternd durch den Phantomschleier der Zeit zeigen ihre
schwankenden Risse trübe Pracht in der Ferne;

Wo ihre mit Ruhm gekrönte Vollkommenheit
für immer in Liebe ruhen wird; Wenn sterbliche Systeme sich trennen und
das Kugeluniversum ertrinkt, hinterlässt es den leeren Himmel und die
Leere todgeschlossener Augen.

Mein Vertrauen liegt tief in dieser Wahrheit.
Und ich weiß, dass das Lob der Liebsten und ihre stummen, gnädigen
Wege unsere Welt ebenso segnen werden, wenn ihre ganze Schönheit zu
Staub wird und Moose ihren Namen ausmerzen.

Ihr Wert wurde als Blumenduft geboren,
ihre freudige Güte verbreitete sich wie Musik über dem Kopf ,
und lächelt jetzt wie eine Kornebene,
wenn sie im Juniwind
von einem strahlenden Mittag erhellt wird.

Ein Sonnenstrahl im Sturm,
eine Blüte vor dem Frühling, unsterbliches Flüstern, ein Geist, der sich
durch eine Form manifestiert, die wir berühren und küssen können –
solche Schönheit bedeutet das Leben.

Ah! Wer kann zweifeln, auch wenn er zweifeln mag?
Unsere feste Erde wird eine Zukunft um die Sonne drehen. Dieser sanfte
Impuls, der ausgesendet wird, kann niemals versagen oder sterben, sondern
pocht ewig!

## VII. IHR SCHATTEN.

Zur Morgenzeit, wo die Schlingpflanzen sich verflechten,
schlenderten wir langsam, denn wir liebten den Ort, und sprachen über
vorübergehende Dinge; Ich freue mich, durch die Nachahmung der Blätter
die wahren Blätter zu verfolgen, die Erhabenheit und Schönheit ihres
Schattens;

Ein Schwanken seltsamer Purpurtöne, schwach sichtbar,
düstere das Licht des Gänseblümchens, den Glanz des Königsbechers und
saugte Sonnenschein aus dem lebenswichtigen Grün auf. Dieser stille
Schatten, der sich über das Gras bewegte, erfüllte mich mit Angst, dass er
jemals vergehen sollte

Und sei in den kommenden Jahren nichts Leeres
, wo ich im schrecklichen Schatten meiner Ängste ihre verhüllte Gestalt
durch verschwommene Tränen sah, die verhüllte Gestalt meines Schatzes
in der Blüte der Schönheit, geboren mit beerdigter Traurigkeit zu ihrem
Grab.

„Was für ein müßiges Träumen", schrie ich plötzlich.
Mylady drehte sich halb erschrocken an meiner Seite um und schaute

fragend: Ich scherzte aus Scham oder Stolz über die Worte als Spott über
die Vernunft, bloße ziellose Laune gepflegter Trägheit.

Sie drängte mich nicht; sanft, weise und freundlich!
Aber sie ergriff meine Hand und redete: Ihr strahlender Geist, in Helligkeit
gehüllt, alles, was er berührte. Hinter ihr
fiel ihr Schatten vergessen, während sie und ich
nachdenklich nach Hause gingen und in den Himmel lächelten.

Durch Weiden und durch Felder, wo der Mais stark wuchs;
Durch Hüttennester, die kein Unrecht beherbergen konnten ;
Auf der anderen Seite der Brücke, wo der Bach lachte; Entlang der Straße,
wo ihr Giebelhaus stand, alt, hoch und geräumig, in einem riesigen Wald.

Wir schlenderten zur Veranda; aber hielt in der Zwischenzeit inne
, wo Psyche ein Zifferblatt hält, um die Sonnenstunden mit ihrem goldenen
Lächeln zu betören; und es wie einen Kelch voller Wein hält, fast bekleidet
mit Spuren von verworrenem Eglantine.

In der tiefen Ruhe, die um
meine Seele herum schien, wurde meine Seele beruhigt: Keine dunkle
Vision runzelte die Stirn vor meinem Blick, während sie auf den Boden fiel,
wo die Schatten von Psyche und meiner Dame lagen, Zwillingsanmut auf
dem mit Blumen gesäumten Kiesweg.

Damals sehnte ich mich nur nach der glorreichen Macht Tizians,
damit ich durch die Arbeit einer einzigen hingebungsvollen Stunde den
Lauf der Zeit aufhalten und eine Mitgift voller Freude hinterlassen könnte,
die diese Schönheit, die ich sehen konnte, den kommenden Generationen
schenken könnte.

## VIII. IHR GARTEN.

Der Wind, der weder für Mensch noch Tier gut ist,
wehte wochenlang unaufhörlich aus dem stürmischen Osten, trieb
Düsternis und Verwüstung durch das Land und legte sich. Wenn er sanft
über die weiten atlantischen Meere strich, strömte mild und taufrisch die
Brise aus dem Westen.

Beim Weitergehen spürte ich mit unbestimmter Angst
ihren Druck auf meinem Arm, stärker als sonst, als wir in der duftenden
Morgenluft suchten, welchen Schaden der Trotz des Ostwindes dem
Gewächs im Garten zugefügt hatte, wo vieles abgestorben war oder vor
Dürre dahinsiecht.

Ihr eigenes Parterre wurde von einer roten, alten, mit Moos überzogenen
Stützmauer aus Ziegelsteinen begrenzt
. Dort wuchsen mittelrosa und azurblaue Parzellen, ein Beet aus

leuchtenden Lilien, vermischt in wundersamem Licht. Sie nannte sie
„strahlende Geister, in Weiß gekleidet".

Hier hatte der wütende Sturm tobte und weite Verwehungen von
schneebedeckten Blütenblättern geworfen
, heftig verweht. Die Stiele in verdrehten Haufen: eine Blume allein, doch
hing und erleuchtete die Wüste, die neueste Blüte, geboren, unter ihren
gefallenen Verwandten, verlassen zurückgelassen.

„Dein blasser Schlaf", rief ich, „aber mehr als alles andere
nimmt deine einsame Süße meine Seele in Bann, oh Seraph Lily Blanch! so
stattlich groß: Von Veilchen verehrt, von der Rose betrachtet, Von jeder
sanften Blume, die weht, sehr geliebt!"

Meine Dame ging wie eine Taube zur Lilie,
nahm eine Tasse in ihre gebogenen Handflächen und beugte sich nach
vorne, um dem Gold seinen verträumten Duft tief zu entlocken. Ich sehe
sie jetzt, die blasse Schönheit, wie sie gebeugt dasteht, die vom Wind
zerzauste Blüte ruht in ihren Händen!

Dann erhob sie sich langsam, starrte in Trance
und starrte lange in die Leere. Ein Blick
kühler Pracht färbte ihr Gesicht
und offenbarte die traurige Wahrheit, dass der Druck des sengenden
Wetters ihre Lilien und die meiner Dame zusammen hatte welken lassen.

## IX. Läutende Glocke.

„Schwach, aber guter Laune", hieß es in dem Brief.
Eine Glocke läutete, während ich diese Worte las, ein dumpfer,
grabesähnlicher Ruf an die Toten. Die Angst wuchs mit jedem Schritt, den
ich auf dieser endlosen Straße machte.

Und als ich das Haus erreichte, überkam mich ein Schrecken
, der in mir ein verborgenes Schuldgefühl hervorrief, und als ich eintrat,
wagte ich kaum, ihren Namen auszusprechen, der da lag, süße Sängerin,
leise Reime trällerte, die ich ihr vor langer Zeit gemacht hatte.

„Die Sonne atmet den Morgentau aus,
Der Tau kehrt am Vorabend mit erfrischendem Regen wieder zurück: Die
Waldblumen blühen prächtig neu, Sie hängen herab, verblassen und
sterben, Die Samen, die in ihnen liegen, werden erblühen, während die
anderen wehten."

„Und immer umherstreifend zwischen den Blumen,
leuchtende Kinder, die bald starke
Männer und Frauen sind: Wenn sie durch Sonne und Regenschauer gehen,

und einen Blick zur Seite werfend, beobachten sie, wie ihre Kinder rennen,
um einen Regenbogen mit den lachenden Stunden zu fangen.“

Ich schaute eine Zeit lang mit unbehaglicher Verwunderung zu,
wie sie lustlos da lag und meinen Reim sang, eingehüllt in Stoffe eines
indischen Klimas. Sie schien ein träger Paradiesvogel aus den durchquerten
Himmeln zu sein.

Ein schneebedeckter Gipfel im Morgengrauen, ihr Lächeln. . . Seltsam, dass
ich
voller Bewunderung in der Nähe ihrer Anmut herumtrödeln sollte, wenn
die Liebe beunruhigt und das Mitgefühl herausfordert, in Schaudern
schleichender Angst die Gefahr ankündigt, die sicherlich in der Nähe droht
.

Ich schreckte davor zurück, den Abgrund zu durchsuchen,
an dem ich mich gähnte fühlte; deren Rand üppige Blüten mit schillernden
Farben umschmeicheln: – sie spricht! Ich falle und schmelze,
ein heiliger Moment, der mich zur Ruhe zieht, tief weinend in ihrer Brust:

Weinte im pochenden Schatz? Aber kurz,
diese Tränen der seligen, tiefen Erleichterung, die meinen Kummer
triumphierend linderten, während sie mir liebevolle Worte und Trost in
Engelstönen zuflüsterte.

Unsere Visionen trafen sich, als sie voller Mitleid
ihre leidenschaftlichen Arme um mich schlang, mich küssend, innige Küsse,
erstickende Küsse, bis jeder mit verschmolzenen Mündern die
Glückseligkeit des anderen in einem einzigen langen, seufzenden Kuss
ausdrückte.

Die Liebesblume, die in Küssen und süßen Tränen explodiert,
ihre rosigen Traumflocken verstreut , verschwindet
in der kalten Wahrheit: denn laut mit unverschämtem Spott läutet der
Klang dieser Glocke, der in meinem Gehirn ertönt, mich widerwillig wieder
auf die Erde:

Wo ich, als ich auf den gefährdeten Zustand meiner Liebe blickte, der
von heftiger, wahnsinniger Angst verursacht wurde, das Schicksal schlug
und mich spöttisch aus Spaß oder Hass niederwarf .
Die Bestrebungen, Düsterling, die wir
hegen und zu denen wir uns entschließen.

Sie sprach, hielt es aber scharf zurück; dann, als ihre Zone
die Hände einer Dame umklammerten, die eigenen meiner Dame an ihre
nachgebende Seite gedrückt; Ihr feierlicher Ton und ihr vorwärts
gerichtetes, eifriges Gesicht flehten mich an, dort zu knien, wo sie anbetete.

Trotz ihres Schmerzes tröstete sie mich mit den Worten einer zärtlichen
Frau
, deren Aufgabe es war, erneut die Freude in ihren geschwächten Blick zu
wecken und weise in der Festigkeit eines Mannes zu meinem
herabhängenden Weinstock einen Baum zu machen.

Aber nein; Versunken, geschrumpft, zwergenhaft und gemein, neben
ihrem Sofa saß ich, sah, wie sich ihre Augen vor Ehrfurcht weiteten, und
hörte, wie sich ihre Stimme bewegte wie die Flut stetiger Musik, reich und
ruhig, in einem hohen Psalm der Kathedrale.

Dann, als dieser hohe Psalm der Kathedrale die düsteren, gewölbten Gänge
überflutet
und langsam wächst, Ein Ausbruch von Harmonie, den der Hörer erkennt,
Ihre Stimme wurde von Wut angegriffen, und ich verstand den Sinn
verwundert.

„Ah, halte vor Angst inne, bevor du in Eile
die Wege des Schicksals angreifst; Denn wie lassen sich diejenigen
zurückverfolgen, die im Leben des Allmächtigen begründet liegen? Oder
die begrenzte Seele des erdgewachsenen Atoms, das universelle Ganze
erfassen?

„Je mehr er scheuert, desto schlimmer werden seine Fesseln.
Der glücklose Gefangene ist in Kerkermauern eingeschlossen, und er
kämpft mit Ketten und Steinen und kämpft gegen Stürze. Auch wird diese
verschwenderische Selbstverbrennung die Stellung seines erhabenen Siegers
nicht berühren.

„Wehe dem Verdorbenen, der, schwach und blind,
in Stolz sich weigert, es anzusehen, feststellen wird, dass die schwerfälligen
Umstände seine Schritte schleifen werden; und wenn er sich nicht umkehrt
, muss
er zerquetscht und zu Staub zermalmt werden.

„Wir gehören dem Herrn, nicht uns, seine Engel singen;
So verneigt ihr euch, die Meinen, demütig vor eurem König,
und in hartem und langem Streben wird Seine Gnade herbeigeführt:
Seine Stimme wird durch die Schlacht rufen, wenn der Streit heftig tobt.“

Sie hielt flatternd inne: eine Weile ließ ihr aufwallender Eifer
alle Worte in stumme Bitten versinken: Ich fühlte mich wie die Männer, die
in der Schlacht gefallen sind, wenn in der Ferne das Schwert ihres
Anführers wie ein Edelstein auf den Ruhm weist, der nicht für sie bestimmt
ist.

„Wenn der nackte Himmel für deine Augen azurblau ist
und überall Licht scheint, kannst du weise sein; doch wenn seine Stürme in
gewohnter Weise aufziehen, schluchzt und trauert der Wind für dich nur
und jammert mit den wehenden Blättern.

„Rost zerfrisst den Stahl und Motten zerfressen den Stoff,
und mürrische Zweifel zerstören die Seele, die sich nicht für ihre Pflicht
einsetzt und in beschämende Trägheit versinkt. Sie räkelt sich als müder,
verlassener Elender, während die Menschen das reife Korn ernten.

dem Menschen nicht zu, in süßer Ruhe zu träumen;
Er müht sich ab und murmelt, während er staunend weitergeht: Armer,
veränderlicher Glanz auf dem Strom, der mit gewaltigem und feierlichem
Brüllen fließt, immer weiter ohne Ufer.

„Das in der Dunkelheit gewachsene Pflänzchen sprüht Gischt;
Durch geladene Düsternis sehnt er sich schwach nach einem Strahl
goldener Fülle vom äußeren Tag, der ewig erhaben auf den tanzenden
Partikeln der Zeit scheint.“

Die Musik verstummte und verwandelte sich in ein Lächeln
der Zärtlichkeit, das sie einflößte, um ihren Schmerz von mir zu
verdrängen: Ich blickte eine Zeit lang auf einen Entflohenen, der zwei
Regenbögen über seinem in Salzlake versunkenen Schiffswrack leuchten
sieht.

Meine verlorene Seele sank hinab in lautlose Meere,
zu Trümmerhaufen, übersät mit dem Bodensatz uralten
Reichtums: neben weichen, gewaltigen Meeresbäumen, neben Ankern, die
in früher Zeit geschmiedet wurden, verwandelt in Spuren aus verrostetem
Schlamm:

Dorthin, wo es wie ein Grab aussah, in dieser tiefen Hölle
der Nacht, trug es einen finsteren Namen, den ich nicht aussprechen
möchte: Und dort hörte ich den Klang einer riesigen Glocke, deren Donner
durch mein Gehirn lachte und mich verspottet wieder ins Fleisch
zurückholte.

Hier war alles leerer als der leere Schatten
des Nebels, bevor der Mond um Mitternacht verging. Hier war das Leben
so merkwürdig wie der Tod, und mein Geist war noch bestürzter, als er
sich jetzt kaum noch dessen bewusst war, dass sie mich noch immer mit
Bitten ansprach.

„Es ist Leben im Leben, zu wissen, dass der König gerecht ist
und seinen hilflosen Staub nicht mit unauslöschlichem Feuer beleben wird,

dessen Eifer majestätische Taten vollbringen muss
, die universelle Lobrufe hervorrufen:

„Zurufe des Beifalls, die sich zu einer Geschichte verdichten,
gesungen von jemandem auf einem hohen Vorgebirge, der in der
heraufziehenden Herrlichkeit der Morgendämmerung leuchtet und tief
unten auf der zuhörenden Menge durch Schwaden anhaltender Wolken
scheint:

„Und entfacht durch das, was er singt, eine edle Fehde
mit gröberen Instinkten, der aufgeladenen Menge, die an Temperament
und Ähnlichkeit zu jenen großen Seelen wächst, deren Siege noch immer in
Melodien triumphieren:

„Dieses Feuer wird der Not nicht gewährt,
um in kalter, toter Asche und Bitterkeit zu scheitern: Er wird keine wahre
Liebe gewähren, die sich danach sehnt, die Welt zu segnen, damit sie nur in
sich selbst zurückseufzt und stirbt.“

Die hier stockenden Worte sanken in Untertöne:
Ihre Seele murmelte vor sich hin, allein auf einer weiten, dunklen,
unbekannten Trostlosigkeit; Dessen Grenzen, die sich aus den Augen der
Sterblichen erstrecken. Berühren Sie die glücklichen Hügel des Lichts.

„Ich arbeite an der mir übertragenen Aufgabe und werde
plötzlich
von meiner Arbeit gerufen: Der König ruft seine Dienerin zurück; und sie
salbt sich unterwürfig und geht dorthin, wohin er es bestimmt.

„Die Garben sind jetzt eingesammelt, ihre Arbeit ist getan,
der Tag neigt sich dem Ende zu, und sie muss fort sein, um sich vor dem
Heiligen zu beugen und dort strikt ihr festgelegtes Gebot
in der Tat anzunehmen.“

Totenstille, mehr als wenn ein Donnerschlag
die Sommerluft zerschmettert hätte, erwachte mein Sinn zu plötzlicher
Besorgnis: Schwer musste ich das Joch des Elends ertragen; Vom Zorn
betört, in meiner Verzweiflung

Ich ging und lehnte mich an das Gitter und dachte
über mein unermessliches Leid nach. beschuldigte den König des Himmels,
dass er wie ein irdischer König seine allmächtige Macht missbrauchte und
Flüche auf die Welt schleuderte.

Dann blickte sie auf ihre Gefahr und dachte: „Eine Zelle
schädlicher Dämpfe dieses langweilige Leben; auch
Sie sollte entkommen: so rein! Sie konnte kaum bei sündigen Geschöpfen

wohnen, die immer
stolpernd den Makel des Lehms annehmen

„Aber ich bin unwürdig! Wie in meinem Gewissen –
wie konnte ich die Führung auf ihrem hohen, kalten Pfad der Pflicht
riskieren, der zum Himmel führt! Halten Sie auch eine Fackel, um einen
leuchtenden, mystischen, nebligen Stern anzuzünden.

„Sie sehnt sich danach, die Welt zu segnen: einfach Liebe für alle.
Beste Shows in Liebe für einen; Liebe kann nicht wie Sonnenschein über
die Hälfte dieses wunderbaren Balls fallen, aber ihre Impulse sehnen sich
danach, die ganze Welt zu segnen. Seltsame Zärtlichkeit!“

Dieser schändliche Spott über mich selbst
wurde von einem schluchzenden Stöhnen unterbrochen, das mich zu ihrer
Kutsche brachte, wo meine eigene süße Liebe ohnmächtig und ascheweiß
lag und die Augenlider sich vor dem Licht schlossen.

Ah, grobes, hartes, bitteres, brutales Ich! Ein Tier
in Leidenschaft, nein, noch viel schlimmer als solche, um sich an
grundloser Wut gegen sie zu erfreuen, deren kleinstes
Wort freundlich war; ihr tägliches Essen Interesse am Wohl anderer.

Dann ließ meine Leidenschaft nach, wie ein widerspenstiges Pferd,
das von der Hand eines Meisters kontrolliert wird. seine Kraft entnervt und
erstickt mich vor heißer Reue; Erschrocken und verzweifelt schrie ich:
„Liebe“, wild beschäftigt an ihrer Seite;

Und küsste und rieb ihre Stirn; ich rieb ihre Hand;
kühn, vor Angst gewachsen, ließ ich das Band los, das ihre zarte Taille
umschloss, und musterte scharf jedes Merkmal, bis ihre sich öffnenden
Augen meinen in strahlender Überraschung begegneten

„Ach du! Ich bin von dir gegangen und
durch die endlose Welt geschleudert worden, ohne dass ich grob darauf
reagiert hätte, während du dort oben hingst, mit stolz gekräuselten Lippen,
und mich mit durchdringendem Hass ansahst und schrie, ich hätte mein
Schicksal verdient.“

Wir trafen uns, wie wenn Wasser aufeinandertreffen,
in lang anhaltendem Schock und süßem Gemurmel, in Verwirrung
vermischt mit vollkommener Einigkeit, die auch die Zeit der
Veränderungen nicht trennen kann, eins in Liebe und eins für immer.

Durch Reue geläutert, gab mir die Liebe Kraft, und nun
kam gnädige Macht, um die aufgewühlten Wellen einer dunklen
Unterströmung auf ihrer Stirn zu beruhigen. Ihre über den Schmerz
siegreiche Seele sprach wieder mit goldenem Lächeln.

Wir saßen da und lasen, wie Prospero seinen Kampf
mit dem Bösen beendete, seinen Charme wirken ließ und sein Leben
krönte, indem er zwei schöne Wesen zu Mann und Frau machte: das
glückliche Schicksal des
tapferen Grafen Gismond und die Lady von Shalott.

Wir hielten inne, denn Eva war in dunkler Heimlichkeit gekommen.
Ich sah, als ich sie hochhob, wie purpurrote Gesundheit in ihren Wangen
brannte, wie sie mir den gewichtigen Reichtum aller Welten im Himmel
entgegenhielt; hielt sie lange, lange, zögernd:

Und legte mehr als mein Leben, ihr Gewicht nieder;
küsste kaum ihre bleichen Hände, dann bewegte ich mich mit großem
Widerstreben, bedrohlich , aus ihrem ruhigen Zustand;
Doch bevor meine langsamen Füße die Tür erreichten, drehte ich mich um
und erhaschte noch einen letzten Blick,

Und voller Ehrfurcht stand sie da und sah, wie sich ein unheilvolles
Unheil abzeichnete. Aus ihren großen Augen blickte sie voll durch die
Dunkelheit. Liebe, dunkel verbunden mit dem ewigen Untergang, als sie
von den Toten auferstanden war: Als ich ihr zu Füßen fiel, sagte ich:

„Segne mich, liebe Liebe, segne mich, bevor ich gehe;
Mit göttlicher Liebe wirf einen Strahl des Trostes zur Führung und
Unterstützung, damit ich durch das Leid in der Gnade auferweckt und
gereinigt werde und würdig bin, dein Angesicht zu sehen.“

Sie senkte ihren Kopf in stattlicher Zärtlichkeit
und flüsterte leise, während ihre Hände meine Stirn drückten: „Ich bete,
dass Er deinen einsamen Geist segnen möge. Und wenn es mein Schicksal
ist, dich zu verlassen, bete für mich, während ich warte.“

Ein nutzloser Schmerz in ihr, den ich nicht mehr wecken konnte,
ich zwang mich, wegzugehen, und wagte es nicht, um ihrer Geliebten willen
einen weiteren Blick darauf zu werfen;
Mein Gesicht hatte von dem verzweifelten, geschwollenen Herzen erzählt,
das in meiner Brust schmerzte .

Als ich in der Außenluft war, kam ich mir vor, als wäre ich
frisch aus einem Traum erschrocken, in dem die sterbende Sonne die Erde
als schmuddelige, düstere Vernichtung zurückgelassen hatte. Der
Ziegenmelker erregte nur die Luft in der Ferne:

Kein anderes Geräusch war zu hören: Eine gedämpfte Brise
kroch durch die Büsche und wehte die Bäume empor, dann suchte sie den
geisterweißen Dunst der Wiesen,

wo eine lange Schicht düsterer Wolken die Ferne wie ein Leichentuch
umhüllte.

Ein einsames Auge aus kaltem Hecklicht
starrte bedrohlich über die westliche Höhe hinaus, eingehüllt in die letzten
Schatten der Nacht; Und die ganze friedliche Erde hatte geschlafen, aber
dieses Auge hielt streng wach.

Ich wanderte müde umher, ich wusste nicht wohin;
Windige Abhänge hinauf, die sich weit ausdehnen, trostlos und kahl; Durch
Sümpfe, die unter stehender Luft durchnässt sind; In schwärzesten Wäldern
und Dornengeflecht rissen
dornige Büsche mein Fleisch auf:

Mitten im reifenden Mais hörte ich es seufzen,
hohl und traurig, während die Nacht träge kroch: Hohl und traurig seufzte
der Mais, während ich mich dunkel in der Mitte bewegte, eine Seuche, die
die hasserfüllte Nacht noch mehr verdunkelte.

Die gehorteten Geheimnisse meiner Seele entleerten sich in
der gewölbten Dunkelheit der Nacht: alte Fantasien leuchteten und
geweihte alte Hoffnungen waren längst vergangen; Alte Hoffnungen, die
schon lange aufgehört hatten zu brennen, waren verschwunden und
kehrten nie wieder zurück.

Kein Sternenlicht durchdrang das dichte Gewölbe über mir ,
und alles, was ich liebte, ging vorbei oder war geflohen: So wanderte ich
weiter, wohin der Weg führte; Und wanderte, bis mein eigener
Aufenthaltsort Spectral Pale von der Straße aufstieg.

Als ich mein Zuhause erreichte, sah ich den Morgen
schwach im düsteren Osten entstehen. Entmutigt ging ich verlassen in das
widerhallende Haus. Herzkrank und müde suchte ich mein Zimmer. Besser
wäre es mein Grab gewesen.

Ich lag da, und während sich meine Lider
in dumpfer Vergesslichkeit bis zum schlummernden Schlummer schlossen,
erklangen einsame Phantomgeräusche aus ängstlicher Ruhe; Bis die
ermüdete und schwer unterdrückte Natur langsam sank und zur Ruhe fiel.

## X. Irrlicht.

„Die Krankheit ist verschwunden, ich bin dem Schmerz entflohen,
die Gesundheit kommt wieder zurück und alle meine Pulse kribbeln vor
Freude. Was für eine angenehme Sache, zusammen zu wandern, während
die Amseln singen, und die Weideflächen funkeln taufrisch hell!

„Bald wird das klare Frühlingswetter kommen.
Hand in Hand werden wir zusammen umherstreifen und Hand in Hand
werden wir von den kommenden Frühlingen sprechen; Wie am Morgen, als
du mit meinem Schatten den Totenbeschwörer gespielt hast, im sinnlosen
Schatten, dunkel und stumm blickend.

„Wirf diese trübe Sorge weg,
oder, ich schwöre, in mein Parterre wirst du nicht hineingehen, wenn die
Lilien wehen, und ich gehe dorthin, um zu stehen und dem himmelweißen,
wundersamen Ring Lieder zu singen; Herr Möchtegern-Zauberer mit der
zerknitterten Stirn !“

## XI. ÜBERGEBEN.

Die Gelehrten sagen, sie müsse
bald sterben und so sein, als hätte es sie nie gegeben. Um die unfruchtbare
Lust des Todes zu befriedigen, sieht man die Rosen auf ihren Wangen so
hell erröten und in tieferem Damaszener blühen.

Alle Hoffnung und alle Zweifel, alle Ängste sind vergeblich:
Die Träume, die ich hegte, sie zu ehren , sind vorbei
und werden mir keinen Trost mehr spenden. Ich sehe, wie ein grelles
Sonnenlicht seinen letzten wilden Schimmer über das Land wirft, dessen
Schatten schnell länger werden.

Jetzt erscheint es nicht mehr so schrecklich.
Der Schrecken steht nackt, starr und still da. Ich bin ganz ruhig und frage
mich, wie meine Angst meinem Willen so verrückt spielen konnte. Der
Nordwind weht heftig, ich spüre seine Kälte nicht.

Alle Dinge müssen sterben: Irgendwo habe ich gelesen,
was weise und feierliche Männer über Freude sagen; Kaum geboren, sagen
sie, schon tot: Der Kampf des Seins, aber ein wirbelndes Spielzeug, das ein
müdes Stöhnen summt, das von einem launischen Jungen gesponnen wird.

Hat meine Seele eine sternenklare Höhe erreicht
? Majestätische Ruhe? Kein Monster, trostlos und formlos, starrt mich
nachts schwach an; ich bin nicht im Sonnenschein, der vor Angst
kontrolliert wird. Dieses monströse, formlose Ding kauert irgendwo in der
Nähe ?

NEIN; Wehe mir! im Gegenteil:
Das nackte Grauen betäubt mich bis auf die Knochen; In der
Benommenheit und Ruhe blicken seine kalten, leeren Augen fest auf meine.
Ich falle nicht und stöhne nicht. Das Gesicht unserer Inselgorgone hatte
mich in Stein verwandelt.

## XII. STURM.

Jetzt verdichten sich die düsteren Dämpfe um den geschrumpften,
bodenlosen Himmel, klettern zu Massen empor , wirbeln schwer und
düster in gigantischer Ausdehnung herum, die
die mit Staub übersäten Höhen des
gewölbten Himmels ersticken und wie zum Kampf aufgestellte sterbliche
Armeen Gestalt annehmen.

Diese lichte Düsternis breitet sich gespenstisch über das Land aus;
Schafe drängen sich, und Herden versammeln sich und brüllen erbärmlich
leise. Die Vögel sind ruhig in gespenstischen Bäumen, die ohne ein
Geräusch zittern: Und verrottete Blätter fallen geradewegs zu Boden.

Düster-feierliche, monotone Laute,
die man in atemloser Stille hört, angeschwollene Sturzbäche, die in weiter
Ferne in verschwenderischem Stöhnen zischen, schäumend in stürmischer
Strömung, schluchzend und protestierend der Vernichtung entgegen, ihre
einsame, trostlose Klage.

Diese Düsternis hat jegliches Interesse aus der Szene gesaugt,
jetzt hat sie sich in ein zorniges Grau verwandelt: Vertraute Dinge, die die
starrende Ebene gewesen war, verblassen in Nebeln: Im Hinterhalt, von
seinem stürmischen Versteck aus beobachtend, schwebt eine Gefahr, die
die stagnierende Luft belastet.

Es nützt wenig. Ich kenne vielleicht
das elektrische Gesetz, durch das der gezackte Glanz und der Donnerschlag
latente Impulse anziehen; nicht weniger meine Gefahr. Ha! Dieser Blitz
verkündet im Feuer den kommenden Donnerschlag.

Aber was kümmert es mich, ob Überschwemmungen herabströmen,
die die Erde in den Schlamm schlagen, obwohl der Himmel unter dem
Donnergebrüll zerspringt und jetzt in Feuer
versengt , obwohl jeder Planet von seinem Platz geschmolzen ist und
verloren durch den ewigen Raum rieseln sollte;

Denn diese leere Aussicht, bar von allem außer Furcht,
leer wie ein Grab, hat meine Seele verlassen; und an einem einsamen Bett,
im Krankenzimmer eines Mädchens,
hängt dort, in Erwartung ihres letzten Atemzugs, die stumme Stimme des
Verhängnisses, der Todesstoß.

# ZWEITER TEIL.

## I. MEINE DAME IM TOD.

Alles ist nur buntes Schauspiel. Ich schaue
in das grüne Licht, das die Blätter über meinem Kopf ausstrahlen, und
spüre, wie ihr innerster Wert mein Wesen verließ, als sie starb. Dieses Herz,
jetzt heiß und ausgetrocknet, hält inne wie der ausgedörrte Lauf, wo früher
ein Bach zwischen Blumen floss, denn ihr Leben ist jetzt nichts weiter als
Geschichten in einem gedruckten Buch.

Gras dichtet sich stolz über dieser Brust,
lehmkalt und traurig still, mein glückliches Gesicht verspürte Schauer. Wie
viel drückte ihr lieber, lieber Mund aus! Und nun sind die Lippen
geschlossen und fest, denen meine eigenen begegnet sind! Ihre Augenlider
werden durch die feuchte Erde gedrückt! Feuchte Erde lastet auf ihren
Augen; Feuchte Erde schließt den Himmel aus. Meine Dame ruht ihre
schwere, schwere Ruhe aus.

Zu sehen, wie ihre hohe Vollkommenheit
die begnadete Erde fegte, während sie
mich mit einladenden Palmen begrüßte! Wie könnte ich mich anders
erinnern und weinen? Der leichte Charme ihrer Hände war so groß, dass
die Sorge bei ihrer Berührung verschwand. Ihre Füße verschonten kleine
Dinge, die kriechten;
„ Denn Sterne sind nicht“, würde sie sagen,
„wundervoller als sie.“ Und jetzt schläft sie ihren schweren, schweren
Schlaf.

Unsterbliche Hoffnung leuchtete auf dieser Stirn,
über deren schwindenden Formen sich sanft echte Würmer bewegen.
Sicherlich war es ein grausamer Schlag, der das Leben meines Lieblings
scharf schnitt, wie mit einem Messer; ich hasse mein eigenes, das mich
wachsen lässt, wie eine bittere Wurzel
aus diesem Rang wächst Gifte schießen
auf das Grab, wo sie tief liegt.

Ach, unglückliches Schicksal! Könnte es gerecht sein,
dass ihr junges Leben seinen einfachen, natürlichen Weg spielen sollte?
Dann, mit einem unerwarteten Stoß, so grob geschickt werden; Sogar als
sich ihre Gefühle mit den Menschen um sie herum vermischten
, deren Liebe Ihrer bereitwilligen Kraft vertrauen würde, sie zu segnen, für
all ihr Glück? Allein zerfällt sie zu gewöhnlichem Staub.

Kleine Vögel zwitschern und picken das Unkraut
, das über diesem Bett weht, wo meine liebe Liebe tot liegt: Sie flattern und

platzen mit den kugeligen Samen,
und schlagen den flaumigen Stolz des Löwenzahns, breit: Aus Speergras ,
gebogen mit wässrigen Perlen,
tropft die nasse Verbindung In den Spitzen glitzert es: In der Malvenblüte
lässt die Wildbiene fallen und frisst.

Nicht mehr hört sie, wo Weinreben
ihr Fenster schmücken, auf den Zweigen Vögel zwitschern und aufwachen:
Fliegen, summend, stärker vom Morgen, sie wird nicht mehr hören. Schlage
willkürlich gegen die Scheibe: Nicht mehr gegen die frisch geschorenen
Grasränder wird ihr Kleid In verspielten Wellen werden sie geworfen,
während sie hinausgeht, um zu sehen, welche Blumen geboren werden.

Und sinniere nicht mehr über diese dunkelgrünen Ringe,
die malerisch auf der Wiese gefleckt sind, um dir elfenhafte Freude
vorzustellen, während durch das Gras ein schwacher Hauch singt und
Insektenschwärme auf der schwülen Ebene herumtollen
: Ich werde ihre leuchtenden Flügel nicht mehr sehen, die mal leicht
eintauchen, mal aufsteigen,
dann sinken und wieder aufsteigen.
Der Tod meiner Lady macht diese trivialen Dinge verständlich.

Eines Mittags ruhten wir uns im breiten Schatten einer Eiche
in nette Gespräche vertieft von unserem Spaziergang aus. Jenseits des
Schattens kauten große, gesetzte Kühe mit schläfrigen Augen selbstgefällig
wieder. Elegante Hirsche liefen über die Lichtung oder standen mit großen,
leuchtenden Augen da und starrten überrascht; und oben am Farnhang
spielten flinke Kaninchen.

Als Krähen krächzten und sich durch die Hitze
quälten ; Jeder Flügelschlag schien ihre müden Körper zu schmerzen; und
Schwalben, obwohl so wild flink, machten dort atemlose Pausen bei etwas
in der Luft. Alles verschwand: Unsere Pulse schlugen deutlicher , und jeder
drehte sich um und küsste sich ohne Worte, sie zitterte vor sich hin ihr
Mund bis zu ihren Füßen.

Dann, als ich spürte, wie sich ihre Brust hob
und dem Lärm des freudigen Lebens in mir lauschte, könnte ich nur in
meinem Himmel glauben, versichert durch diese Ruhe in meinem Herzen
und diese warmen Arme um meinen Hals! Während der Vorabend in
schattiger Stille kam und die westliche Flamme löschte, die um sie herum
verweilte, als wollte sie nicht gehen.

Dann erzählte ich in einem geflüsterten Ton
von der nahenden Zeit, wenn fröhliches Läuten und Läuten der Ehe
kundtun sollte, in Krachen durch die Luft, frohlockend waren wir durch

feierlichen Ritus einander eigen: Und sie, vertrauensvoll, sanftmütig,
drückte ihre Wange an meine,
Und antwortete allein in Freudentränen.

Wir achteten nicht auf die Zeit, denn
diese klingenden Glocken hatten uns völlig in Entzücken versunken. Ein
Glück, das so vollkommen ist, dass der Puls und der Atem nachlassen, wie
das stumme Verhängnis des Todes: Dann blitzte in einer augenblicklichen
Pause in meinem leeren Auge eine schnelle Ewigkeit auf ;Und er fuhr auf,
als ob er von Dämonenklauen umklammert wäre,

Als ich aus einer schwindelerregenden Ohnmacht erwachte,
verspürte ich entsetzliche Ängste und ein Klingeln in den Ohren.
Ich fragte mich, warum der grelle Mond mit solch gewaltiger Kraft durch
die Kuppel der Nacht schwang. Dann folgte, wie die süße Luft im Juni,
eine tückische, ruhige Ungewissheit, die das abscheuliche Gefühl in mir
weckte, dass uns bald ein namenloses Übel überwältigen würde.

Sie ging wie eine Sommerblume dahin.
Ihr Anblick und ihre Stimme werden nie mehr Freude bereiten, denn sie
liegt still in kaltem Verfall. Die goldene Schale, die ihre heilige Seele
enthielt, zerbrach: Es war eine leere Prahlerei zu sagen:
„ Unsere Seelen sind gleich“,
und schmerzt mich jetzt zu Scham: Ihr Geist ging, und meiner gehorchte
nicht.

Die schwarze Wahrheit
schoss mit einem feurigen Pfeil durch meine Gedanken, als ich sie
herbringen sah, wohin sie mit dem Leben nicht verschwand. Ihre Schönheit
sank nach und nach, wurde von der Krankheit geschärft. Das schwere
Sinken in ihrem Herzen saugte Hohlräume in ihre Wangen
und ließ ihre Augenlider schwach werden,
obwohl sie sich oft bei plötzlichem Aufschrecken weit öffneten.

Die tödliche Macht zog schweigend
My Lady das Leben weg. Stumm vor Bestürzung beobachtete ich den
Schock der Erregung, der durch ihren abgemagerten Körper zitterte und
die Bedeutung in ihrem Blick erschütterte. Je näher, immer näher wurde der
Moment. O schreckliche Spannung! Oh schwindelerregende Impotenz! Ich
sah, wie ihre Gesichtszüge schlaff wurden und ihre Farbe wechselten.

Ihr Blick, groß geworden vom Schicksal, war dorthin gerichtet,
wo meine stummen Qualen ihre traurigen Augen noch trauriger machten:
Ihr Atem stockte, stoßweise und schnell, dann in einem heißen,
erstickenden Anflug; sie atmete nie wieder. Ich hatte den Blick, der ihr
letzter war: Ihre Liebe leuchtete, als ihr der Atem ausging, noch einen

Augenblick, dann schloss sie sich langsam und die Hoffnung war für immer
dahin.

Ein furchtbares Beben lief durch den Raum
, als zum ersten Mal der traurige Schlag für die Seele meiner Herrin ertönte.
Die strahlende Welt war die Hölle, ihre Gnade nur der schmeichelnde
Glanz und der Spott eines Traums: Das Vergessen traf mich wie eine
Keule, und wie ein gefällter Baum fiel ich in Ohnmacht und lag lange Zeit
kalt auf meinem Gesicht.

Die Erde hatte sich um ein Viertel gedreht, bevor
mein jämmerliches Schicksal sie mit ihrer ganzen Last niederdrückte. Mein
Verstand kam zurück, und zitternd fühlte ich, wie ich den scharfen,
grausamen Glanz der Sonne ertrug, der nicht mehr so warm schien wie
zuvor, und dessen Strahlen
meinen Blick nie mehr befriedigen werden:
Nicht mehr, nicht mehr, oh, nie mehr.

## II. TAGTRAUM.

Was flüsterst du deinem Kind leise zu,
oh blasses Mädchen-Mutter mit niedergeschlagenen Madonnenlidern?
Warum drückst du seine blasse
Geranienwange so nah an deine noch weißere Brust? Ah, zweifellos süß; zu
fühlen, wie er den Strom zieht, der seine Lilienglieder mit Kraft erfüllt! Und
dein eigenes Herz lacht mit seinem tief grübchenförmigen Lachen und
antwortet direkt auf die Berührung deines zierlichen Fingers? Und versteht
den murmelnden Stöhnen:
Womit beruhigst du dich und tätschelst ihn, um ihn zur Ruhe zu bringen?

Welche Visionen bezaubern deinen Blick, der jetzt weit
in ruhiger, süßer Zufriedenheit ruht? Siehst du
, dein Baby, jetzt ein Mann geworden, wie es sonnenverwöhnte Hänge
mit einer Schönheit beschreitet, die schöner ist als Visionen; lieblich wie die
Wahrheit, o Liebe, wenn du mich anlächelst? Oder siehst du, wie er noch
mächtiger wird
und voller Tatkraft weiter marschiert, um die wechselvolle farbige Flagge zu
erreichen, deren wehende Kämme
die glitzernden Höhen des Ruhms sind, nach denen die Menschen sehnen;
Achtlos dort, welche Stürme toben und fegen; Leider; Welcher Traum hat
diesen wässrigen Schleier entstehen lassen? Verstecke das Licht deines
Auges vor meinem. Sogar wie ein Nebel, der zwischen mir und einem
Erntemond vorbeizieht! Und woher diese schattige Wand, die meinen Blick
blockiert? Warum verblasst du selbst im Nebel, o Liebe?
Wohin ist dein Kind geflohen – und wo bist du? – Wo bin ich? – Ist es
Leben – ein Traum – oder Tod?

Ach, weh mir, dieses erdrückende Elend!

Und ich bin ein eitlerer Narr als einer, der sich nach Regenbögen klammert, die sich über den Himmel spannen! Ach, kranke Hoffnung! Mein Geist wird von Sirenen in die Irre gelockt, die Hoffnung treibt hart an einem dunklen Schicksal vorbei: Und Hoffnung und Verzweiflung haben sich so lange mit dem Tod vermischt , dass ich

die Gegenwart kaum von meiner Vergangenheit trennen kann, noch das, was einmal war, von dem, was jetzt ist.

Ah, Liebste! Werde ich dein Gesicht nie

wieder sehen: niemals; nie mehr?

Ich weiß, dass die Fantasie nichts war und eine

aus vergangener Hoffnung geborene. Ich weiß, dass deine irdische Form in ihrem Grab vermodert ; aber doch, o Liebe,

muss Dein Geist irgendwo in dieser Wüste von Welten wohnen, die die überwältigenden Himmel mit Licht und Bewegung füllen; Das könnte niemals sterben. Und willst du nicht einen strahlenden Blick gewähren, um ein einsames Herz zu beruhigen, das vor Schmerz schlägt, wegen des Verlustes von dir und nur von dir, o Liebe? Oder hast du in diesem reinen Leben, das du lebst, festgestellt

, dass meine Seele eine unwürdige Wahl für deine war ,Und deshalb rechnet er nicht mit seiner Verzweiflung?

Und doch, ja, wahrlich, deine Liebe war wahr; ich würde dir kein Unrecht mit einem anderen Gedanken tun: Ich würde nicht durch die Tore des Himmels eintreten, indem ich anders dachte, als dass deine Liebe wahr sei. Aber ich erhalte keine Antwort auf meine Schreie, die ich in meinem Inneren mache Seele ganz leer und kalt und trostlos. Ja, leer wie dieses Gitter voller Leben, aus dem das Feuer fast geflohen ist und das nur zerrissene Hässlichkeit und Verderben

zurücklässt . Und schwach wie das Flackern dieser kegelförmigen Flammen, die halb in ihren Höhlen versunken sind und in deren Glanz ich, wenn auch schwach, sehe, wo meine Bücher sind stehen Sie in der Ferne. Meistens stumm; obwohl manchmal beredt für mich; Und wo meine Bilder mit anderen Formen hängen Instinkt von dem, was ich weiß: wo Freunde dargestellt werdenWie Geister, die aus einer anderen Welt auf mich zukommen. Dann bleibt was übrig, aber, wie ein Kind, das vom Weinen erschöpft ist, dass ich mich zur Ruhe sinken lasse „Schlafen, nicht träumen – und wenn ich könnte, sterben?"

## III. Die Stimme meiner lieben Frau vom Himmel.

Ich hatte

in einer dunklen Nacht in Erstarrung an ihrem Grab gesessen, als wechselhaftes Zittern das Schicksal

der kalten, lethargischen Düsternis erschütterte, das auf meinem Anblick
lastete:

Und während ich saß und mich kränklich bewegte und die
Trägheit meines Geistes störte, kam ein Wind, wehte über ferne Garben,
der zischend die Blätter zerriss und peitschte
und das Unterholz peitschte:

Es brüllte und heulte, es tobte
mit einem bestimmten Ziel umher; und als es die Nacht aufstürmte, brachte
es den Mond zum Vorschein, der wie ein fröhlicher Schrei den Namen
meiner Dame rief.

In plötzlicher Pracht auf dem Stein.
Dann, für einen Moment, schnappte ich meine Vergangenheit und häufte
sie auf, übersät
mit Hoffnungen und Küssen, kämpfendem Stöhnen und Schmerzen: als
plötzlich,

Von überwältigender Last bedrückt,
stürzte das Gebäude ein. Als es berührt wurde, wie von der Hand des
Schicksals, war meine Trübsinnigkeit verschwunden. Ich fühlte meinen
Zustand so leicht, dass ich vor Glückseligkeit schluchzte.

Die lauten Winde, die auf der Suche nach Ruhe waren,
fielen tot um. Meine fiebrige Stirn trank die Kühle des Grases, das sie
drückte. Und in meiner trostlosen Brust begann eine Veränderung zu
wachsen.

Während ich spürte, wie diese Tränen langsam
die Last der Trauer abflossen, die ein träger Fluch in mir lag, bis die
Erinnerung mein Gehirn für lebendige Momente wahnsinnig machte.

Meine Tränen, wie Schätze eines Wracks
, das im Ozean schlief, flossen ungehindert, nachdem sie wiedergefunden
worden waren. Und die Erde war der Hals meiner guten Mutter, an den ich
mich klammerte und weinte.

Ich erhob mich schließlich und fühlte eine dichte,
betäubte, tote Last. Und jetzt hing die Nachtluft in tiefer Spannung! Ein
singendes Schweigen, das meine Sinne bedrängte und mich wie ein Schlag
betäubte:

Durch meine Lider drang die lebendige Luft
in goldenen und purpurnen Ringen und
tanzte melodisch um mich herum.
Das Licht, das sie enthielt, pulsierte im Glanz und im Schlag schneller
Flügel.

Ich wagte nicht, meine Augen zu heben; die Augen
meiner Herrin strahlten mich mit starrem, heiterem Blick an und waren wie
die alten, sonnigen Tage in der Kindheit.

Ein keuchender Atemzug; und ich wurde
durch die schwache Leere des Raumes gewirbelt; In schwindelerregenden
Kreisen, die gewaltig geschleudert wurden, sah ich die Sternenwelt mit jeder
Kugel umarmen,

Zu einem gewaltigen Lichtwirbel, der
einen feurigen Widder wirbelt, dann versagt, von plötzlicher Nacht
ausgelöscht; als ich mit stürmischer Kraft herabgeschleudert wurde,
erschütterte die Berührung der Erde mein Gehirn.

Der stumme Klang in meinen Ohren wurde
durch ihre unheilvolle Stimme zerstört; für einen Verfluchten so süß wie
der Tod, wie für einen vor Durst fast Blinden das Geräusch fließenden
Wassers.

Ihre Stimme sang in einem durchscheinenden Stern,
fern, jenseits meiner Sicht, wunderbar weit weg;
und doch so seltsam nahe, um zu erschüttern, wie ein zu starkes Licht
erschüttert.

Sie sang ein Lied. Sie trällerte leise,
sie sang nicht in Worten; ich fühlte es in meinem Geist glühen und wusste
es, so wie ich mit Freude die morgendlichen Schreie der Vögel kenne.

Aber die Aufgabe, die ich aufnehme, ist schwer,
mit sterblicher Zunge den Ausdruck meiner Liebe zu erreichen und ihre
hohe unsterbliche Bedeutung durch meine Sprache zur Klarheit zu bringen!

Ich kann nicht mehr mit schimmerndem Trope
, der in die Dunkelheit hineinläuft, ihre Tiefe enthüllen, als sie hoffen
konnten, die in lebenslanger Blindheit tappen, um von aufgehenden
Sonnen zu singen.

„Oder je das Leben, das mein König geliehen hatte,
zur Ruhe erhoben wurde, seine Botschaft sandte er durch meine Lippen,
und auf deinem Weg ging seine Herrlichkeit, um dich zu den Seligen zu
führen.

„Aber du wandtest dein Gesicht ab und verachtetest
seine göttliche Gnade wie nichts. Und richtetest deinen Blick verlassen auf
die Erde und wütest auf das Schicksal, bis der Tod, hager und erschöpft, in
deinen Gedanken verschwand .

„Du, blindlings grob, hast mit Lehm gespielt,
und im gespenstischen Schimmer der Totengruft hast du die Verwesung
geküsst; und viele Vollmonde verschwanden und ließen dich in deinem
Traum zurück.

„Denn mit dem weltlichen Kleid Deiner Lilie
hast Du Dein Augenlicht erfüllt, und die Verachtung, ihre Schönheit zu
kennen, wäre nichts weiter als leere Prahlerei, wenn sie nicht durch Seinen
Willen zum Leben erweckt würde.

„Du betrauertest nicht am meisten die verlorene Seele
, die durch die deine meinem Herrn gehörte; sondern mehr noch die
zerbrochene Lustschale, deren goldener Reichtum, als er ganz war, seine
Pracht in deinem Wein verlor.

„Und deshalb wurdest du lebendig gemacht,
um den Kelch des Todes zu kosten; und deshalb schwand der Ruhm, von
der Führung in den tödlichen Schatten, der deinen schaudernden Atem
gefrieren ließ.

„Erlaubt, jetzt komme ich zu dir:
Ich warne dich vor deiner Sünde. Ich ermahne dich, dein Augenlicht zu
reinigen, damit deine geläuterte Seele den Weg sehen kann, seine Liebe zu
gewinnen.

„Seine unbegreifliche Liebe
wandte sich nie von den Reumütigen ab, denen Unrecht widerfuhr,
sondern entspringt wie eine Quelle in der Wüste
den durstigen Armen, die auf der Flucht sind.

„Wer die erwiesene Barmherzigkeit verachtet,
der sei der Unglückliche, hüte dich! Denn wer allein in seinem Stolz lebt,
dessen Stolz wird zu Stein erstarren, zu groß für ihn, um ihn zu ertragen.

„Und wer auch immer, nachdem er gewarnt wurde,
  Weigert sich immer noch, sich umzudrehen,
hinter seinem Schatten wird ein geschrumpftes Gemüt zu sehen sein , ein
brütendes
Gespenst mit wütendem Blick und Grinsen .

„Du Geplagter, der für mich
der Nächste ist, der die Gnade meines Herrn besitzt. O wende dich an Ihn,
und Er wird dir eine Zuflucht vor deinem Elend sein, Ein Lächeln auf
deinem Gesicht!

„Eine gerechte Stärke wird deinen Arm stärken
und Mut deine Brust

erfüllen . Und nachdem du tapfer gegen Unheil gekämpft hast, werden die Schreie des Sieges deine sterbenden Augen zur Ruhe bringen."

„Und die Geholfenen werden seinen Namen preisen
, der im Einsatz für sie gestorben ist. Und edel gesungen wird sein ehrlicher Ruhm in den Herzen ungeborener Menschen schlagen und ihre Liebe und ihren dankbaren Stolz beanspruchen."

„Und die Liebe wird ihr Opfer
dorthin führen, wo eine leuchtende Reihe steht und zu den Höhen der Glückseligkeit winkt; und sie wird seine Hände umfassen und Willkommen auf seine Stirn küssen."

Ich wusste nicht, wann der Gesang aufhörte,
um meine erleuchtete Seele in Trance zu versetzen, und dann von dieser langen Sonnenfinsternis erlöst wurde. Doch als ich hoffnungsvoll nach Osten schaute, sah ich, dass Pol an Pol bündig war

Die Morgendämmerung, die sich zu zeigen begann
und durch feuchte Dämpfe brannte,
wie in einem kranken Gesicht, das tief in der Tiefe lag, würde die reiche Verkörperung leuchten, wenn gesundes Leben zurückkehrte.

Ein leises, schläfriges Zwitschern traf auf das Licht,
und im fernen Tiefland schwammen einsame Sumpfvögel zu ihrem nebligen Flug. Um wie viel Uhr strahlte ihr Anblick auf meinen Blick vom Morgenstern.

Der trällernde Tag ging zu Ende;
Das erhob sich wild und stark, wandte nun die Dunkelheit des Westens ab und entfachte einen solchen Reigen, dass die Welt mit Gesang erwachte,

Und frische, köstliche Brisen wehten
mit paradiesischen Düften, die so durch meinen gestrickten Körper prickelten, dass ich, seitdem ich einen Namen lispelte, noch nie wusste, dass in mir solche Freude aufsteigt.

Rein war das Azurblau über dem Kopf ;
Hell war die Erde um mich herum, während ich voller Entschluss ernährte und mich bewegte, wie jemand von den Toten auferstanden war, schweigend auf der Erde.

Ich ging nach Hause, voller
Hoffnung und mit festem Plan. Und in Ehrfurcht vor dem Willen des Schicksals trat ich bei jedem Schritt wie ein nüchterner Mann auf mein Gewicht.

# Dritter Teil.

## I. JAHRE DANACH.

Unsere Welt hat sich zehn Kreise um das Licht gedreht,
seit sie hier verschwand. In meinem hilflosen Blick, um die Stelle zu
markieren, war dieser behauene Stein befestigt, damals roh, grell, stur
aufdringlich, jetzt harmoniert er freundlich mit dem Rest.
Ein Zweig tausendfüßigen Efeus kriecht vom Tod zur Geburt und erreicht
ihren Namen; mit kussähnlicher Berührung fühlen seine zarten Blätter
den Rand des Buchstabens – ich kann mir kaum vorstellen, dass es Zufall
war.

Jetzt präsentiert mir diese seltsame alte Vergangenheit, die
mein offenes Gedächtnis füllt, Szene für Szene einen stürmischen, wie in
Träumen, schrecklichen Zustand, in dem ich Lüge und Wahrheit nicht
unterscheiden konnte; wo die aufsteigende Hoffnung den Stern der Liebe
traf, dann kopfüber und verzweifelt niederfiel ; aber
schließlich aufstand und den ausgetretenen Weg ging. So düster und fern
diese Dinge; so abgenutzt und verändert,
dass ich kaum fühle, dass ich derjenige bin, der ihre Liebe suchte und
gewann. Und ist es wirklich wahr, dass ich in zärtlichstem Umgang mit
vertrauensvollen Blicken und vertrauensvoll umklammerten Händen
versunken war und mit ihr am Flussufer entlang wanderte; während über
mir melodische Zweige sangen und
das Gold der im Sonnenuntergang geblendeten Blumen verstreuten, die
ihren süßen Duft von unserem Weg aushauchten, der flackernd dorthin
ging, wo in violetten Wäldern der schroffe Kirchturm eine Feuerwand
brannte!

Habe ich es geliebt, als die Stille die Winterwälder in Ehrfurcht versetzte
und riesige Schatten den frostigen Boden von Baumstamm und Ast
durchfurchten, dessen Gewölbe die Nacht überdauerte, den voll
ausgewachsenen Zaubermond zu sehen, der seine Pracht auf den silbernen
Raureif warf?
Ja, inmitten der Töne und des smaragdgrünen Errötens des Frühlings, mit
angeschwollenen Bächen, die durch die Felder strömen, und dem
regnerischen Wind, der wie ein Ozeanbrüllen den ganzen Tag über durch
die Wälder weht, durch vereinzelte Lichtstrahlen, durch zufällige
Schattenschwaden, schritt ich freudig die glitzernden Pfade entlang.
Ja, ich war es, in verträumtem goldenen Dunst,
sah arme Männer, die sich stundenlang abmühten, und dachte, sie seien
glücklicher als die Vögel, die sangen, die sangen und in vergnügtem
Gurgeln trillerten.

Trödelnd schlenderte ich in der goldenen Zeit herum,
lange nachdem die geliebte Nachtigall aufgehört hatte, seinen
leidenschaftlichen Impuls über die Ebenen des zitternden Mais
auszugießen, der jetzt zu Reichtum gereift war; als die
sonnenuntergangsfarbenen Früchte in den Obstgärten langsam unter
azurblauen
Mittagsstunden milderten ;
Und verstummt in den dunklen Blättern, schwoll die träumende Luft sanft
zu einem flüsternden Geräusch an und starb. Mit Freude wanderte ich von
Hügel zu Hügel und versunken in Staunen trank ich die lispelnden Winde.
Die feenhaften Winde, die mich lispelten, waren alle gut. Noch markierte
ich als der verstopfte Horizont flog, in düsterem Dampf, der den Himmel
verdichtete;
Aber er erwachte sofort, als todesgleiche Blässe aus dem zornigen Treiben
das ganze Land in Düsternis tauchte; als Krieg, ein gewaltiger Krieg, durch
die Himmel brach, in Laken und streifendem Feuer und donnerndem
Klatschen, mit Schock auf Schock, der den reifen Mais zermalmte, und
fegte Im Hochsommer türmten sie sich zum Verderben auf. Das zerstörte
große Balken aus tausend Jahren und erschütterte die starken Fundamente
des Landes. Und als schließlich der schreckliche Sturm hereinbrach, war der
weite Himmel leer von Sonne und Sternen und leer von mehr als all ihrem
Licht mir.

Als ob
meine süße Paradiestaube losging und, behütet von der Herrlichkeit, in den
Himmel aufstieg. Dann nährte ich mich von der Vergangenheit und
liebkoste den Tod, und ich wuchs in wütendem Entsetzen: Schon bald war
ich, durch üble Selbstvergiftung , zu erwachsen geworden Ein Leichenghule
, hätte
nicht der allmächtige Gott, gnädig in der Liebe, ihre eigene Gegenwart
noch einmal zugelassen, geheimnisvoll wie eine Vision, doch noch einmal,
um eine leuchtende Warnung zu kommen und unergründliche Abgründe
auf meinem Weg zu offenbaren und die Hoffnung zu entfachen, mit der
ich noch gewinnen könnte, die leuchtenden Hügel für immer den Seligen.

Ich habe viel gekämpft, seit jene Ereignisse
den Puls meines täglichen Lebens bestimmten: Und nun sind sie eine
vulgäre Chronik, und die gröbsten Zungen schwatzen darüber. Ein
eindringliches Lied alter Glückseligkeiten lockte mich, kaum bewusst,
hierher, um über meine zerbrochenen Träume nachzudenken; sicher vor
dem Getöse der Interessen in unserer grimmigen Metropole, dem
schlagenden Herzen Englands und der Welt. Von mir nicht gesehen, seit in
jener wundersamen Nacht ihr Trost meine Seele erfüllte; doch hier stehe

ich wieder neben ihrem Grab – und hier sinniere ich, weiser und nicht so
traurig.

Ihr Haus war anmutig und lieb!
Reich an zuvorkommenden, netten Bräuchen und berühmter
Gastfreundschaft der Vorfahren. Eine kühle Ruhe lag angenehm über dem
Ort; angenehme Pflichten wurden prompt und wahrhaftig erledigt, und
jeder Dienst, der von verborgenen Quellen bewegt und mit Intelligenz
beschleunigt wurde, verlief reibungslos.

Der Verwalter dieses herrschaftlichen Landsitzes
sah dort heimisch aus wie Flechten auf der Eiche. Er hatte die erste
Stellung inne, der Häuptling in Fürsorge und Vertrauen, an dem Tag, an
dem seine kleine Geliebte zur Welt kam; und sie liebte er, wie der Vater
sein eigenes liebt, und brachte sie auch zur Welt Ehrfurcht, die wir
gegenüber jenen empfinden, die in einem höheren Stand als unserem
geboren sind und ihr hohes Vermögen mit angemessener Gnade genießen.
Seine Liebe erwiderte sie stets üppig in großzügiger Dankbarkeit für
geleistete Dienste: Wie hell funkelten dann seine klugen grauen Augen und
leuchteten die Rundheit, wo seine Ehrlichkeit war Wangen, gespielt zur
kräuselnden Freude seines Mundes! Bei den Streifzügen in der Kindheit
war es meistens er, den sie trotz aller Schmeicheleien als Partnerin wählte;
und zu ihrer gewinnenden Art verzichtete er auf seine pompöse
Überwachung von Wein und Teller, um sie beschwingt zu beschützen, wo
der Sommer lag Honigfarbene, murmelnde Linden und unter Ulmen
Augustus mit jahrhundertelanger Kraft und klangvollen Türmen in ihren
schattigen Höhen. An Thymianhängen, fußtief im Rasen, zogen sie umher,
beide leicht geschwätzig, und sie, süßes Kind,
ihre ganze Aufmerksamkeit in Freude verschmelzend, Bis sie vor dem See
standen, der vor Seerosen, Sonne und sich bewegenden Wolken glänzte.
Dann gerade das flankierende Riedgras und das entfernte Schilf, gab
klappernde Enten und wilde, ausgefallene Vögel, die in stürmischem
Getümmel rasten und plätscherten, um lautstark nach dem Zerfallenen zu
schnappen Brot,
das er heimtückisch und auf Spaß bedacht bereitgestellt hatte: Die Schwäne
traten unterdessen, majestätisch, aufgedunsen und langsam, stolz in Aktion;
aber leider zu geringem Ergebnis; denn durch Zufall fiel die Beute durch
geschicktes Scharmützel an gemeinere Rechnungen. „Unser Brot ist jetzt
ganz auf dem Wasser geworfen, und nun, ich würde gerne wissen, wie viele
Tage es dort verweilen muss, bevor es wieder gefunden wird!“ – der
langweilige Witz eines Narren wiederholt : guter Mann, er, unerfahren in
tiefgründigen Textkommentaren, hätte nie geträumt, wann seine
abessinischen Bergwurzeln anschwellen, von frischen Strömen durchmischt
in nubische Länder, und donnernd von Felsvorsprung zu Felsvorsprung

hinabdonnerten; wie der heilige Nilus Ufer und Ebene überschwemmte
und das alte Ägypten in ein leuchtendes Meer verwandelte: Und Sklaven
paddelten in dunklen Scharen, als Dreck verachtet, auf dem Wasser und
verstreuten Mais, während vor ihren traurigen Augen ein scharfer Blick auf
Tempelsphinxen, Palmen und Pyramiden schwamm, schwaches Opferfeuer
mit düsteren Schreien; und kleine, harte Herren, bewaffnet mit blutigen
Riemen Sie waren heiter und wild und geißelten ihre größte Mühe. Es
dauerte lange, bis der Mensch diese versprochene Hoffnung hörte: „
DER ERSTE WIRD DER LETZTE SEIN, DER LETZTE DER ERSTE . "
Aber das liebe Kind hörte voller Staunen sein leeres Geschwätz und glaubte
es tiefgründig: Und seitdem, wenn diese Worte in der feierlichen Kirche
(der Kirche, die ich jetzt vor mir habe!) Oder im Familiengebet berührt
wurden, drangen kecke Visionen ein von plappernden Vögeln, umgeben
von plätscherndem Wasser, Riedgras und Liliensternen.

Als er nach Hause ging, füllte er ihren Schoß mit Blumen;
Und noch bevor sie das Haus erreichte, ließ sie seine schützende Hand los,
rannte vorwärts, glitzerte durch die Veranda und erleuchtete mit einem
freudigen Aufschrei
das Zimmer, in dem sie sich unterhielten oder Bücher lasen.
Ihre Eltern: dann, als sie eine Stunde zuvor diese gespiegelt gesehen hatte
Die Wunder des Sees, alle zitternd, verschmelzen zu einem wirren Aufruhr
der Schönheit, gebrochen in zersplittertes Licht, als über seine Oberfläche
die hungrigen Vögel fegten, so verschwommen von wechselnden Fängen,
so verwickelt durch Eifer, ihre plappernde Erzählung für die gütige Mutter,
die sie umarmte, fühlte zufrieden, dass ihr Kind sehr zufrieden gewesen sei.
Dann würde der große Vater sein geliebtes Mädchen leicht auf die Knie
heben; Mit den Fingern umfasste er das winzige Kinn und küsste den
Mund der Rosenknospe. Und sanft streichelte seine große, gelbbraune
Hand den gewobenen Sonnenschein, der über ihren Rücken glänzte und
sich in tiefstes Rotbraun verwandelte, das mit Gold glänzte, und
beschimpfte sie mit listigen Namen. Aber als endlich die ruhige,
unvermeidliche Krankenschwester auftauchte, lachte er; Und sie flog mit
schreiendem Gelächter mit ihrem kräftigen Arm hoch über seinen Kopf,
eingehüllt in wilde Blumen, die sie von ihrem Schoß geworfen hatte.
Als er sich abschüttelte, brachte er die Schreiende zu Boden und schwang
sie fröhlich in bereitwillige Arme. Sie erzählte von diesen
Kindheitserinnerungen, während wir zwischen den Szenen schlenderten der
sie gezüchtet hat; denn sie liebte es, über Dinge zu verweilen, die manche
als unbedeutend ansehen; aber in ihrer Gegenwart erzählte sie es selbst, mit
klaren, treffenden Worten und einer befriedigenden Stimme; Ihre
schwebende weiße Hand, fast in Musik, die mit ihren Worten trällert, und
die alle zärtlichste Sorge umgibt, um zu gefallen; – Nun, einer nach dem
anderen, leuchten diese Erinnerungen in

geheiligter Pracht und haben ein Leben weniger dunkel gemacht
, das ich nicht ganz eitel fühle.

Das Schicksal ihrer Mutter war so gewöhnlich, dass jeder, der
sagen kann „Ich mag nicht" wahrhaft gesegnet ist: Denn es gibt unzählige,
die sich in Schatten geworfen haben, deren Leidenschaft für immer erkaltet
war! Kaum in ihrer Blüte und Jahre bevor sie den Mann traf, der ihr
Schicksal war, ihren Ehemann, betete sie wie ein Mädchen einen jungen
Mann an, der mit funkelndem Genie gesegnet war und
der sich auf große Abenteuer begab und alle Segel setzte;
aber er brauchte Ballast und gesunden Menschenverstand, und als er auf
Stürme traf, sank er und war verloren. Lange zerrte sein Schicksal an ihrem
Herzen; es raubte ihr die Kraft; es ließ sie benebelt und trostlos zurück: Ihr
Leben wurde zu kalten, unruhigen Träumen, von denen wir uns nicht lösen
können. Doch sei gesagt, ihr Leben war bescheiden und wirklich sanft; sie
war eine zärtliche und gehorsame Ehefrau, und jede ihrer Taten wurde mit
süßer und klagender Anmut ausgeführt. Ich vertraue ihrem Geist, der von
uneingestandener , ständiger Traurigkeit gedämpft wurde ,
der sich von Schatten befreite und schließlich über die Zukunft nachdenken
konnte, die auf einem geraden Weg die Gerechtigkeit erreichte, die im
ewigen Licht thront, und lernte zu spüren, dass Züchtigung Liebe ist.
Teilweise durch Lethargie, teilweise durch Pflichtgefühl, weil sie ihren
Kummer vergessen hatte; mit Bitten, die ihrer eigenen Güte geschuldet
waren, nahm sie schließlich einen anderen als ihren Herrn an; dann gab sie
sich in allem hin und heiratete den unbezwingbaren Willen ihres Mannes:
Er hatte sie gewonnen, schätzte sie und liebte ihre sanfte Nachgiebigkeit
gegenüber der Kraft des Lebens.

Er war ein Mann mit Muskeln und stattlicher Gestalt,
der im Kampf dunkelbraun wurde. Unter der Sonne Indiens hatten unsere
Feinde oft gelernt, die Stärke des Arms zu kennen, der ihnen nichts
anhaben konnte, wenn er sie mit Schwert und Auge angriff. Aber als sein
Vater starb, verließ er den Osten und ging nach England, um hier sein
eigenes Landgut zu regieren und unter den Herren der Grafschaft zu
herrschen, die ihn voller Stolz als ihren Anführer anerkennen wollten. Er
hatte das königliche Aussehen eines geborenen Befehlshabers, Adleraugen
und einen geschwungenen Hals; einen scharfen Scharfsinn, der von einem
soliden Verstand gestützt wurde; umfassendes Wissen und die leichte
Anwendung desselben, um Hindernisse zu durchbrechen oder die
Willenskraft zu lenken, die entschlossen war, jedes Ziel zu erreichen. Dabei
war er ein Mann mit großzügiger und großzügiger Natur, der immer
freundlich die Waage der Zweifel gegen sich selbst auslegte: Kein Pächter
betrauerte jemals den Tag, an dem der neue Herr die Herrschaft übernahm;
noch hörte man alte Dorfklatschbasen klagen, dass

die guten Zeiten mit ihrem verstorbenen Herrn verflogen seien. Bildung
ging bei ihm Hand in Hand mit Stärke: Er war in den Wissenschaften
weithin bewandert; Stein und Erde, Pflanze, Muschel, Vogel, Tier, bis hin
zur komplexen Form des Menschen, mit etwas von den Sternen.
Historische Werke las er hauptsächlich und grub oft nach Spuren von
längst vergangenen Schritten in der Archäologie .
Er liebte die Sänger unseres Heimatlandes, die unsere Seelen auf den Wert
des Lebens heben, und jene tiefen Denker, deren Schlussfolgerungen die
geheimen Prinzipien zeigen, nach denen die Welt funktioniert. Er schätzte
den fleißigen Hallam, aber Carlyle erklärte ihn für halb verrückt: „Ein
Knäuel unruhiger Gedanken, die nichts Vernünftiges oder Praktisches
berühren, erzählt in einem unverschämten Jargon, so schwerfällig wie die
Tracht eines Lappländers!" Dem würde ich in gekränktem Stolz immer
direkt entgegentreten: „Ob wahr oder nicht, sein Wort ist die Wahrheit,
dass einst Englands Stolz darauf war, Helden heranzuziehen, und jetzt
prahlen wir damit, Millionäre hervorzubringen. Ihre ‚praktischen‘ Mittel
sind der kürzeste Weg zum Reichtum, aber viel zu oft raubt der Geldbeutel
das Herz, wenn das eine schwer wird, saugt es das andere leer. Sein Stil,
poetisch prägnant, deutet oft nur durch eine bewundernde Bemerkung
mehr an als nur ein vollgestopftes Pro und Contra der Seite Ihres Favoriten
."
Darauf stößt er ein verächtliches, brüllendes Lachen aus, der Tisch zittert
und die Gefäße klirren, als sein schwerer Arm zu Boden fällt: mit
gewaltigem Blick, in wirrem Gehabe neckt er mich: „Junger
Seifenblasenträumer, der Strophenreime ersinnt, was weißt du schon von
Gesetzen? Was weißt du schon von Plänen, die unsere vielfältigen
Interessen durch sich kreuzende Strömungen, die auf bestimmte Ziele
ausgerichtet sind, miteinander verbinden, um diesen Staat zu bilden, den
wir Gesellschaft nennen, das Endergebnis uralter Zeiten? Wisse, hier auf
Erden darf Reichtum nicht verachtet werden, denn wir sind, wie wir sind.
Solange die Menschen vom Austausch von Waren und Dienstleistungen
leben, wird Gold das Schmiermittel sein, das die ganze Maschinerie glättet.
Ich gewähre einigen wenigen, den Größten, die Zufriedenheit, das
weiterzugeben, was in ihren Köpfen gereift ist;
aber nur Gier lässt jedes Ergebnis wachsen
und seinen Nutzen in der Masse verbreiten. Dort, wo Ehre , Vernunft oder
instinktives Leben
völlig versagen, wird Gold den trägen Idioten stechen. Es weckt den
schläfrigen Faulenzer des Ostens, der träge wie ein Kürbis im
Sonnenschein räkelt, um wie irische Knechte zu schuften . Aufgeweckt hört
er
Münzen, die lebhafte Musik klingen; er macht sich an die Arbeit und gräbt,
haut und mahlt: Er sieht, nicht weit entfernt, sich selbst, einen Anführer

reich gekleideter Reiter, bewaffnet mit langen Speeren und Klingen mit silbernen Griffen, der mit einem schnellen Schlag die pachalicische Macht an sich reißt.

Aber die Arbeit , die ihm Gold gebracht hat, bringt Ängste.

Die Last des Reichtums hat seinen Schritt langsamer gemacht; er sehnt sich nach Ordnung, einer festen Regierung und steht als strenger Verfechter des Gesetzes.

„Ich weiß, dass du diesen ‚Goldmaterialismus‘ missachtet,
für das, was du das ‚Gold des Abendhimmels‘ nennst: ‚Aber lass mich dir sagen, Junge, für dich ist es gut. Meine Länder sind weit und die Bankiers wahr, sonst ist deine Jungfrau arm Mädchen, denke ich oft, hätte gerne eine Brotkruste zum Essen und Schuhe zum Anziehen.“ So, in dem, was ich sein „vergoldetes Kupfer“ nenne, wofür ich ihm Lametta bezahlt habe; „Sie will Schuhe! Ihre Füße werden die Blumen des Paradieses drücken, und als Engel wird sie keine Nahrung brauchen.“ „ Eugh ! “ Holt eure Ausrüstung, lasst uns ein paar Forellen fangen.“

Sie blieb nie lange von zu Hause weg, sondern lebte ein ruhiges Leben; zufriedenDen Kontinent und viele Dinge einnehmenAuf Vertrauen; Wir fühlen, wie unsere Landschaften zufrieden sind. Ihre Liebe zu Szenen. Als sie von einem Besuch zurückkam, hatte ich noch nie ein schöneres Bild gesehen, als als sie in seine Arme schwamm und in ihrer Schönheit dastand, gebrechlich, gegen seine Kraft, sie unterstützend und seine Lippen, Wangen und Stirn küssend. Dann drückte er, als ob seine Tochter noch ein Kind wäre, den nach oben gerichteten Kopf zwischen seine Hände, wo er das unschuldige Gesicht erblickte, rosig vor Lächeln und Erröten, wie eine süße Blume, die ihre gelbbraune Hülle zum Platzen brachte, worauf er den Blick eines unermesslich gütigen Vaters anstarrte, und lange, hinein Zärtlichkeit, ähnlich dem Mitleid,
hielt sie fest, die schön und gut war.

An einem späten Abend in milder Sommerzeit befürchteten wir, dass der Wind der Nacht gekühlt hätte. Ihre ruhige Mutter, als wir auf und ab gingen und an einem Spaliergitter zum Haus führten, trennte sich immer aufmerksam schweigend und verschwand, errötet vom Sonnenuntergang, aus unserem Blick. Aber wir sahen sie Bald dämmert es von der Veranda. In Eile bringt sie den Mantel ihrer Mutter. Wenn, wie die Flutwelle an einem sanften Strand heraufkommt, mit wogendem Geräusch und dem Aussehen von Schaum gespielt wird, die tausend Falten sich um ihre fortschreitenden Füße legen, ihre göttliche Form so großartig aussieht wie das Licht des Ozeans dahinter: doch kein Seevogel, der aus dem Blau schimmert- Der gewölbte, grenzenlose Himmel könnte mit Leichtigkeit gleiten, luftiger als sie, um das Gewand um den Hals ihrer Mutter zu hängen; und dann wie eine Frau die Falten an Ort und Stelle zu schlagen, die dankbaren Lippen zu küssen und geschickt den Verschluss an ihrem

Hals zu fixieren. Während ich darüber nachdenke und diese reichen
Fragmente zusammenfüge, kommt es mir seltsam vor, welche kleinen
Dinge mir auffallen! Ich erinnere mich jetzt an jede Skulpturengruppe, jede
gemalte Szene, jedes Porträt, jede Figurenvase, jeden Druck einzigartig und
jedes Juwel, das wir einst sahen, als wir ein Herrenhaus in der Nähe
besuchten, bereichert durch Generationen gesammelter Kunst: Die Meister,
von deren Händen die Werke geschaffen wurden, vermoderten lange Zeit
zu Staub. Ah, nun, ich weiß
, warum einige ihre Symbole in meinem Gehirn eingebrannt haben und sich
jetzt vor mir erheben! An Steine gefesselt, schmilzt NarcissusDroops in
sich selbst; und Echo hängt in geschrumpfter Verzweiflung da und
beneidet das, was er verschwendet. Durch schwelende Morgennebel eine
herrliche Sonne
Die Bergschulter brennt; Oben verwandelt sich der Zenit in luftiges Gold.
Und tief unten, durch reines kristallines Blau gesehen, schimmern das Dorf,
der See und die Bergkette. Herrlich entspannt steht eine Dame da und
lächelt. Willkommen in der Welt. Obwohl Jahrhunderte vergangen sind, seit
sie die Arbeit ihres Malers anerkannt hat Arbeit, ihr Lächeln ist so
aufrichtig, dass alle das Gefühl haben,
sie müssten sie irgendwann in ihrem Leben gekannt haben.
Hier auf einer silbernen Vase kommandiert, bewegt sich ein Hochzeitszug
zur Musik: Schaulustige auf geworfenen Blumen. Vor der schüchternen,
sich beugenden Braut: Unterdessen lächelt ihr Bräutigam tapfer und stolz
ins AuslandWie in eine blendende Sonne: Die Pfeifer blasen, Die
Harfenspieler klingeln, die Becken klirren, Jünglinge singen; Sechs Mädchen
gehen hinterher, um ihren Schleier zu halten. Ein Paar ist traurig, das
nächste sieht eitel aus, und zwei flüstern sich hübsch Geheimnisse vor. Hier
aus alten Zeitungsständern und Blicken von Männern. Der männlichste
und König der englischen Könige, der Löwe Cromwell , in seiner
Kriegskleidung: Unter ihm windet sich ein blutströmendes Ungeheuer,
dessen abgetrennte Köpfe sich im verstreuten Glanz der Mitra
umherstrecken juwelenbesetzt , Krone und Krone.
Scharf geschliffener Edelstein, eingefasst in einen dicken Goldring, von der
Größe und Rundheit eines Damennagels, Liebe blutet auf dem Pfeil selbst,
der auf die Spitze zeigt; der so gestorben war, hatte nicht mit zärtlichster
Berührung das gequälte Herz der unsterblichen Psyche fest an sich
gedrückt und linderte den Schmerz und fächerte ihn mit ihren Flügeln auf.
Und heute wie damals bewegten wir uns entlang dieser stillen, reichen
Korridore und betrachteten jedes Meisterwerk, das uns am meisten gefiel ,
und wollten nicht länger bleiben, sondern fühlten eine Chance, die uns für
den Rest dienen musste: Grübelnd gehe ich von Szene zu Szene im Leben
meiner lieben Dame. Und lass meine anderen Erinnerungen ungestört.

Unter der brütenden Ruhe dieses luftigen Saphirs
bedeckten mich seine Schatten mit einer Kälte, wie ein kommender Sturm,
dieses schwarze Unglück, das unseren Liebling traf und seiner und meiner
Obhut entzog. Die Trauer hat uns alle verblüfft. Sofort verlor die
kinderlose Mutter ihre schwankende Kraft und lag niedergeschlagen da; Nie
wieder das Leben auf der Erde schmecken! Neben ihrem Mann saß und sah
zu, wie sie verblasste; sah, wie das letzte arme Lächeln aus ihren
Gesichtszügen verschwand; bis die sich schließenden Augen in tränenreiche
Verzückung versinken; Als er erkannte, offenbarte sich ihr die
Unsterblichkeit der Liebe. Mit beiden Händen ergriff sie stumm seine Hand
und hielt sie mit sanftem Druck fest.
Doch als der zarte Griff nachließ und fiel, schloss sich die Welt um ihn
herum zu einem steinernen Nichts.

Und nun wurde der mächtige Mann niedergestreckt, wie ein Sturm
im Morgengrauen die reife Ernte niederstreckte ; und bevor die Wärme der
Sonne
sich erneut entfalten kann, wird
sie am Abend von einem zweiten Sturm niedergewalzt und verwüstet .

Als die Erstarrung, die dem Schmerz
durch Fremdheit folgt, in die natürliche Rücksicht auf die täglichen
Bedürfnisse überging; sein leer stehendes Zuhause verabscheute er: sein
weitläufiges Gartengelände; sein See; seine Wälder; die luftige Luft; Er
verabscheute den überhängenden Himmel, er verabscheute sie alle. Als der
Frühling erwachte, verspotteten die verliebten Sänger des Wäldchens und
des Feldes
zu ihrer der Jahreszeit entsprechenden Freude seine Traurigkeit mit ihren
Echos und plappernden Geschichten über das, was gewesen war: und er
entschloss sich voller Bitterkeit, einen Ort zu verlassen, an dem jeder, der
sich wandte, wie ein Feind dastand, dessen starres, lüsternes Auge hinein
gerichtet war Schweigen erfüllte die Hoffnung, seinen Sturz zu
kennzeichnen;
Er hat unser Land verlassen. Weit entfernt, in östlichen Gefilden, kämpfte
und starb er, um seiner Nation gute Dienste zu leisten. Und nie hatte ein
edlerer Mann die Majestät des Wertes und Namens Englands hochgehalten.

Lange, mühevoll verbrachte Jahre sind düster und erleuchtet,
seit diese Ereignisse meine Türen zum Leben verschlossen haben. Teils aus
Wahl, teils aus Notwendigkeit habe ich mit Beharrlichkeit die Arbeit
aufrechterhalten und vorangetrieben. Es war meine Pflicht,
voranzukommen. Denn als meine Sicht wieder klar wurde, Ich schaute und
sah, wie gemein ein Mensch war, der die Energien seiner Mitmenschen
nutzte und nichts zurückgab.

Dann sah mein Geist
dieses Inselrennen vor zweitausend Jahren in schlichter Wildheit,
kontrolliert von Priestern,
grausamer und blutiger als die Wölfe, die
um Mitternacht um ihre monströsen Altarsteine heulten und das Blut der
Opfer witterten. Sah den mit Legionen gegürteten luchsäugigen Cäsar
kommen,
um Britanniens Tapferkeit zu kosten . Als
Legionen auf Legionen folgten und die Schwärme, die durch geschickte
Disziplin befehligt wurden, den Tributpflichtigen des alles erobernden
Roms zum Opfer fielen
. Sah, als Roms Griff durch wilde, luxuriöse Schuld nicht länger halten
konnte; und mit zerfetzten Federn ihre Adler ihre Sklaven zurückließen, um
den hungrigen Einfällen der Pikten so gut sie konnten Einhalt zu gebieten
oder sie zu überbrücken. Als dann ein stämmiges, freundliches Volk hier
die Standarte der weißen Pferde hisste: Männer, die den Boden
bearbeiteten, bis gelbes Korn, empfänglich, die Ebenen beschattet. Als, von
der Beute angelockt, Raben aus dem Norden sich hierher zogen: zäh zog
sich der Kampf lange Jahre hin; bis die beiden erschöpften Helden ihre
Hände schlossen, um die Insel als gemeinsame Heimat zu teilen. Mit dem
Frieden wurde das Land fett; und gesunde Bindungen der Adligen an ihre
Könige und der Leibeigenen an sie wurden gelockert oder durch
Misswirtschaft entstellt; als der Normanne William, hart wie Stein und wild
wie Feuer, mit gepanzerten Pferden und Stahlschauern
England eroberte. Ihre rauen Söhne drillte er grimmig: mit strengen
Befehlen und der Stärke des Schwertes erzwang er Gehorsam, wo er ein
Gesetz erließ. Jahrhundertelang hielten die kühnen Plantagenets den Drill
aufrecht, trotz der Sturheit der Menschen, mit Geben und Nehmen.
Schließlich bewegte sich das Geschlecht, das durch ständiges·Ringen um
die Macht herangewachsen war,
ruhig und stark unter der Herrschaft der Tudors. Und dann trug ein Stuart
aus dem Norden ihre Krone, dessen Sohn, ohne zu wissen, dass er den
Menschen die Wahrheit lieb hatte, sie belog und seinen Kopf verlor; denn
Puritaner hatten keinen Respekt vor Lügen. Als nächstes flammten Karls
Satyrs Saturnalien auf, von den Nymphen von Lely, die keuchend sangen:
„Mehr Gold; wir geben unsere Schönheiten frei her; Gold, mehr Gold.“
Unglückliche Explosionen, Torheiten, rasende Verschwörungen; bis sie
durch die List des Lowland William durchgesetzt wurden. Dann Pläne, die
zu nichts oder Schlimmerem führten, durchgesetzt durch Marlboroughs
Kanonen, die über die Meere donnerten. Dann durch die welfische Linie;
unser Geschlecht wächst jetzt zu jener großen Macht heran, die die Welt
beherrschen wird.

Runter aus diesen menschlichen Trümmern, Wolfsbeklagter , bis
zu dem Zeitpunkt, an dem, in verzeihlicherweise großem Übermaß
an Mitleid, durch den Willen unseres Volkes
freie Trägheit für die Inseln westlicher Sklaven erkauft wurde: Und jetzt,
wo Tausende dem bewährten Mörder sanftmütig sein Seil verweigerten,
dem Dieb die gebührende Strafe ; und wenn ein General Truppen zu Tode
stürzen kann, ja, und das Dankesvotum seines Senats erhält und alles
geglättet wird; Und wenn wir unsere Flotten verrotten lassen und unsere
Regimenter zusammenschrumpfen lassen, sowohl aus universellem
Vertrauen in den guten Willen anderer Staaten als auch aus der Prise
flüchtiger Sparsamkeit Skelette. – Von diesen gefallenen Rechten zu solcher
Urbanität ist der Marsch in der Tat lang; obwohl die freundlichen Freaks
manchmal Gerechtigkeit von ihrem Thron
fordern ; Doch Sanftmut ist immer noch ein edler Gewinn, und wir werden
darauf vertrauen, dass solche Freaks edel gemeint sind.

Um die Macht zu berühren, die wir innehaben, was für eine Arbeit war das
an kraftvoller Muskulatur und scharfsinnigem, erfinderischem Gehirn!
Kräftige Männer mit mächtigen Schlachten in ihren Gliedern; Denker,
deren Gerissenheit die Stärke der Heerscharen übertraf; Priester, die Gott
geschworen haben und deren tägliches Leben die Reinheit und
Freundlichkeit des Evangeliums predigte; weise Chronisten, deren Geduld
Fakten für den gegenwärtigen Mangel und Nahrung für die kommende Zeit
sammelte; und Damen, die ihre Häuser zu einem Paradies machten und
ihre Ehemänner großartig hielten – haben das Licht und die Auserlesensten
großartig gegeben Substanz ihres Lebens. Über Generationen hinweg
vermischten sie sich mit jedem, eine Welle drängte in großer Zahl, auf dem
Weg zu dem einen großen, sich erweiternden Fluss der Dinge, und gingen
dann in die Dunkelheit über, die alles verschlingt.

Könnte ich hier in unserem stolzen Inselheim wohnen, das
durch unzählige Siege bewahrt wurde? stark gemacht durch Könige und
königliche Räte ; Bereichert
durch Handwerker, deren Fähigkeiten die aller Menschen übertrafen. Und
durch solch wundersames Lied verewigt
, verherrlicht es die Menschheit: Könnte ich hier wohnen? „Sicherlich ließe
sich eine wilde Wildblumenabfälle finden,
um einen Honigtropfen zu ergeben, den ich abtropfen lassen könnte,
um den allgemeinen Bienenstock anzuschwellen!"

Schließlich war ich entschlossen,
meine Kraft bis zum Äußersten auszuschöpfen und ihre noch ungeöffneten
Knospen zum Fruchtbringen zu bringen. Ich flehte um die gnädige Hilfe
des Himmels und begann sogleich mit der Arbeit, die mir bis zu meinem
Tod obliegen soll. Wenn es mir vergönnt ist, einiges Unkraut auszureißen

oder einen Samen zu pflanzen, der mit der Zeit zu einem Baum
heranwächst, der angenehmen Schatten spendet, den müden Gliedern eine
Wohltat ist und schön anzusehen ist, dann werde ich erkennen, dass die
Hand, die mich niederstreckte, mich auf den Pfad der Wahrheit geführt hat.

Und Sie, meine verlorene Angebetete, wo ist Sie?
Wo war Sie während dieser schleppenden Jahre der Wehen ?

Sie war mein Lebenslicht!
Die glänzende Morgendämmerung und der Glanz des Tages am Mittag:
und sie hat die Farben in
noch größerer Tiefe über die untergehende Sonne gebrannt: und meine
müden Lider schließt sie: dann steigt sie in Träumen einen mit Treppen
vergitterten Schacht der Herrlichkeit hinab und führt meinen Geist hinauf
wo ich sehe, wie meine Lieben verloren sind. Und so genieße ich durch den
Schlaf, nicht durch den Tod,
fern von irdischen Sorgen und quälenden Krügen, die Stille des
kommenden Lebens.

Wenn an nebligen Sommermorgen seine Sense
mit fröhlichem Klingeln den Mäher wetzt und die Kühe
sich langsam und süß atmend auf den Eimer zubewegen, wo ihre
Melkmagd klingelt und ruft: „Hallo, Erdbeere und Blüte, her mit den
Kühen!" Während der Pflüger mit seinem Gespann über die Anhöhe
geschleudert undeutlich wie ein Phantom dahingleitet: Wenn dieser laute
Fleck des Lebens, die Lerche, schrill vor Ekstase die zitternde Luft
erklimmt und „Kuckuck, Kuckuck", rätsel der fröhliche Egoist, der selbst
weint; Und jede Hecke und jedes Gehölz singt: Wenn der ruhelose
Liebende in seinem Wachtraum beinahe die erhoffte große unbekannte
Wonne gewinnt, die vielleicht nie aufblüht; anderswo
liegt die verehrte Jungfrau, eine gefaltete Rose, übersät
von der rosigen Morgendämmerung, schlafend und atmend lächelnd: Dann
oft durch die leeren Straßen Londons,
wenn jedes Haus geschlossen und gespenstisch still ist und bis auf den
zwitschernden Spatz vom Turm, wo die vergehende Zeit läutet, alle
Geräusche verstummen; Dann gehe ich nachdenklich über die Wege des
Schicksals und lasse die Vergangenheit vor mir Revue passieren, zähle
meine Verluste und meine kostbaren Gewinne und fühle, dass ich einen
Ruhm verloren habe, den ein Mensch nur einmal erfahren kann: sondern
wie aus der züchtigen Strapaze der Trauer ein Rahmen nüchternen
Interesses entstand, das auf größere Ziele ausgerichtet war, als die meinen
bisher waren; und Mitgefühl für kämpfende Seelen, die alle eine heilige
Bedeutung in sich trugen, bekannt oder unentdeckt: – Und diese, in ihrer
Komplexität und Fernbeziehung mit der Summe der allgemeinen Macht,
die die lebende Welt ist, sind jetzt mein Gewinn; Und gewähre meinem

Geist aus dieser erweiterten Wahrheit einen Blick auf diese hohe Pflicht, die von allen gefordert wird. Wie wild flammt der Westen um die Sonne, die jetzt tief gesunken ist! Und wie ein Namenloser, tief in Hexenträumerei verloren, einen stillen Fluss entlangsegelt, vorbei an Dörfern, die mit Arbeit beschäftigt sind, an blühenden Ufern und schattigen Buchten und friedlich auf den Wiesen grasenden Viehs; der erst zu Bewusstsein kommt, wenn ein voller Sonnenstrahl aus der sinkenden Kugel, der die Flut trifft, zuerst seine geblendeten Augen trifft; – So werde ich bis zur heutigen Stunde erinnert durch jenes rote Sonnenlicht, das den Turm emporflammt, und die Wetterfahne, die im warmen blauen Himmel funkelt, und diese allzu gut in Erinnerung gebliebene Glocke.

Jetzt lehnt sich der Seemann auf dem weiten, geheimnisvollen Ozean über die Seite seines Schiffes und fühlt die summenden Freuden der Heimat; er fragt sich, ob das Schicksal ihn weitertragen wird, um sein Dasein dort zu beenden. Jetzt erblickt die Hausfrau zufrieden den Weg hinunter die Schritte ihres Mannes hierher; sein Essen ist zubereitet, die Kinder sind sauber gemacht; sie will ihren Mann mit lächelndem Trost durch die Abendstunden trösten, der von
der Arbeit ermüdet ist. Sie wirbeln ihr Lebensnetz, summen wie ein Rad, diese luftigen Insekten. Die Vögel haben aufgehört zu singen, zwitschern aber leise und legen sich zur Ruhe; und kein Krähenschrei zerreißt die ruhige Luft. Ich muss fort; aber bevor ich gehe, werde ich niederknien, um diesen Efeu zu küssen – ein bescheidener irdischer Typ, der ihren Namen mit ständigem Grün schmücken würde, während ich ihre Erinnerung mit meiner Liebe umhülle! Denn sie war der Segen, der mir in den schwindenden Stunden der schwärzesten Nacht Kraft gegeben hat, wenn Zweifel bedrücken und Ängste ablenken; und wenn die Hufe des gigantischen Bösen das Gute zermalmen und das Mitleid vor Angst brennt, während die bleiche Gerechtigkeit entsetzt zurückweicht; und nicht eine Stimme, nicht die kleinste, wagt es, sich gegen den triefenden blutroten Schrecken zu erheben, der Himmel, Erde und Meer mit Tod und Gefahr verunreinigt. Wenn der Glaube der Menschen wild wird und sie nur die furchtbare, schwarze, abscheuliche Sünde sehen, vergessen sie, dass das Licht noch darüber hinaus scheint. Und zweifeln zuletzt an der Wahrheit Gottes. Sie hassen ihre Mitgeschöpfe und sich selbst. Sie stöhnen unter einem Despoten, der weniger an kostbares Menschenblut denkt als Schiffsbauer an das Wasser im Dock. So viele Fuß werden so viele Tonnen tragen, wenn es nur einen kleinen Schritt bei seinen brutalen Zielen hilft, der wie ein bewaffneter Dieb den Reichtum seines Volkes plündert. Dann leuchtet der Sternenglanz meiner Liebe durch die Dunkelheit. Und er kommt, wie ein glorreicher Eroberer kommt, der vom Sturz dieses Despoten zurückkehrt, dessen Stirn noch blitzt und vom Sieg bleich ist: Dessen Tapferkeit den Angriffen der angreifenden Heerscharen lange

standhielt, der mit seinem Geschick ihre listigen Kombinationen
durchkreuzte, rechtzeitig seine eigenen Truppen einschloss und ihnen das
allergrößte Leid zufügte; die riesigen Linienschiffe der feindlichen Flotte
zerschmetterte, ihre schnellsten Fregatten in die Wasserhölle versanken;
andere erschreckte er wie Hühner und den Rest zog er im schäumenden
Kielwasser des Sieges als erbeutete Beute hinter sich her, wo sein Volk in
Scharen stand und stolz „Willkommen, Willkommen, Willkommen! In
unseren Herzen, oh Retter deines Landes! In unseren Herzen,
oh Vater deines Volkes! Willkommen zurück!"
ausrief und jubelnd seinen geliebten Namen rief; der sich durch Stürme der
Musik bewegt und ein Meer fröhlicher Gesichter erblickt, die von Glück
gefärbt und von Verzückung in staunende Ehrfurcht versetzt sind. Und
während diese dankbare Menge vergisst, was immer er Unrecht getan
haben mag, tue ich mein beißendes Leid und umarme das Gute.

dieser
Ehrenwerte in späteren Jahren schließlich in sein Heimatland zurückkehrt,
nachdem er seinen letzten großen Sieg errungen hat, als feierlicher
Leichnam; sein Volk ist in feierlicher Aufmachung beisammen, um den
Toten feierlich zu
ehren , und steht schweigend, inmitten des klagenden Wehklagens der
Kriegsmusik, ist er gegangen, der sie von den Fesseln rettete, die sie
verabscheuten; und in aller Ehrfurcht, mit zärtlichsten Händen, und
tränenreichen Augen und Herzen, die brennen und pochen, lassen sie ihren
geweihten Helden hinabsteigen, der langsam zu seiner ewigen Ruhe sinkt:
Dessen Ruhm zu einem festen Stern aufsteigt, der das Land erleuchtet, das
er für immer liebte. So kommt meine Liebe zu mir: Ihr herrliches Licht
schwebt noch immer heilig und führt mich weiter zu großartigeren
Aussichten und edlerer Verwendung der Kräfte, die mir anvertraut wurden.
Von nun an wird es meiner Seele nie an einem Ort mangeln, wohin sie
fliehen kann, wenn das Böse meinen Glauben an die Gerechtigkeit
erschüttern will: denn wenn ich an ihr Leben denke, das aus gnädiger Tat
und süßer Zuneigung besteht, mitfühlend zärtlich und in einer solchen
Form verankert, dass sie meinen liebevollen Augen oft göttlich erschien,
kann ich mein Staunen kaum zurückhalten, dass der Himmel sie einer Welt
überlassen konnte, die so befleckt ist wie die unsere. Und jetzt, was auch
immer an Unrecht und Bitterkeit kommt, um meine Stärke zu brechen; was
auch immer an Dunkelheit ich zu erfahren habe; ein Strahl hat mich vom
höchsten Himmel durchbohrt – ich habe an den Wert geglaubt und glaube
noch immer.

## II. ARBEIT.

Süß ist die Feuchtigkeit der Spalierrose,
die melodisch durch die glitzernden Blätter tropft;

und noch süßer ist ihr Duft, den wir einatmen,
wenn wir unser Gitter für den Morgen weit aufspannen. Süß, Drosseln mit
leuchtenden Augen und gesprenkelten Brüsten zu sehen, die mit scharfem,
prüfendem Blick taugraue Rasenflächen absuchen; und Kaninchen, die
behände an zarten Gräsern knabbern oder innehalten, wenn sie vom
Schatten der anderen erschrecken. Und wenn sich die Zweige des
Obstgartens tief unter den Früchten neigen, beobachten wir mit Freude,
wie die aufgehäuften Erntewagen sanft zwischen singenden Hecken
vorbeigleiten. Es ist schön zu beobachten, wie der blasse, in milchigem
Azur hängende Nebel sich langsam zu wandernden Wolken
zusammenzieht, getrieben vom klaren und leichten, elastischen Wind; und
durch das einsame, harmonische Summen des Sonnenscheins unsichtbaren
Lebens zu sehen, wie die schwebenden Samen wie geflogene Phantasien
jenseits aller Bedeutung dahinfliegen.

Doch süßer als alle Rosen, der Anblick von Vögeln,
reicher als Früchte, mehr als ganze Kornfelder, schöner als die Pracht des
hellsten Tages, lieber als jeder altbekannte Klang aus Kindheitsstunden, als
jede glitzernde Freude, die aus der sprudelnden Quelle der Erde strömt, ist
unsere impulsive Antwort auf den Ruf der Pflicht.

Sie, die mehr sein wollen
als diejenigen, die feiern, lachen und sterben, werden die Stimme der Pflicht
hören, wie den Ton des Krieges, der ihren Geist für große
Unternehmungen stärkt und jede Sehne für den Angriff spannt. Sie lässt sie
ein glückliches Waldleben aufgeben, um in der tosenden Hauptstadt
anzutreten. Und in seinem immer lauter werdenden Brüllen fest und fest
inmitten des Donners stehen, Fuß an Fuß, im Widerstand, und für die
Wahrheit kämpfen. Solchen Menschen bezaubert die Wut der Schlacht
mehr als die schwersten Meeresstürze, die gegen Klippen prallen, die Wut
des Sturms in den knirschenden Wäldern oder das Krachen der Elemente
am Himmel. Mehr als die Freude eines Liebenden, wenn er die Brust seiner
Jungfrau zitternd pochen fühlt, Mehr als die Freude eines Vaters, wenn er
die runde Wärme der Glieder eines kleinen Erstgeborenen in der Hand
spürt oder ihn groß und stark werden sieht.
Und ihre Freude wird nie schwinden, sondern
mit der Zeit an Größe zunehmen und heller brennen, genährt durch edle
Taten. Für Seelen, die dem göttlichen Impuls gehorchen, die ihre Kraft in
Standhaftigkeit einsetzen, bis die Felsen von ihren Hindernissen befreit
sind, bis die Unersättlichkeit des Sumpfes erstickt und gebunden ist, eine
befestigte Straße für Verkehr und Vergnügen, hohe, riesige Bögen
überqueren die Flut, bis die gequälte Erde ihre Geheimnisse preisgibt, die
sofort zu gefügigen Sklaven des Menschen werden, bis die Arbeit am
Schreibtisch schließlich

im Gesetz mündet: die, über die Sterne nachdenkend, ihre Größe und
Entfernung verkünden und ihren Lauf verfolgen; die tun, was immer ihnen
größere Macht verleiht oder dem Menschen Nutzen bringt, um in Muße die
wundersamen Himmel und die Schönheit der Erde zu betrachten; die ihn in
der Wahrheit unterweisen, durch die er lernt, seinen Mitmenschen mehr zu
verehren; die seinen Geist auf die Anbetung unvergänglicher Dinge
ausrichten, von denen er kommt, um die flatternden Eitelkeiten des
Reichtums zu verachten, als sollten vergiftete Süßigkeiten und
Schmuckstücke seine Augen für einen Augenblick für das furchtbare Licht
trüben, in dem er sich bewegt; die alles tun und getan haben, was dem
Menschen je geholfen hat, sich, wenn auch unvollkommen, vom gröberen
Selbst zu befreien und seine Sicht zu reinigen: – solchen erhabenen Seelen
wird es nie an seliger Freude an der Arbeit mangeln, wenn sie für eine
Pflicht arbeiten, die niemals sterben kann.

Männer mögen wie Spielzeuge des ironischen Schicksals erscheinen:
Einer in kräftigen Schuhen geht auf einer samtenen Grasnarbe auf und ab;
Und man ist gezwungen, mit nackten Füßen scharfe Schieferpfade zu
erklimmen, auf denen es von Skorpionen wimmelt, während der
Wolfshunger versucht, seine Kehle zu packen; einer verweilt bei seinem
purpurnen Trank und lacht, einer kostet schaudernd seinen bitteren Kelch
und stöhnt; aber es gibt Hoffnung für alle . Allerdings nicht für alle, um bis
zum Ende durch sonnige Wellen zu segeln und über Schiffswracks als
erbärmliche Geschichten zu plaudern. Nicht alle sind dazu geboren, die
zierlichen Wehen zu stillen, die die Vollendung der Liebe ankündigen, und
siehe, ihre Lieblinge gedeihen in der gemäßigten Luft
des Trostes, bis sie selbst die Quellen
eines Nochs werden mildere Rasse: Alle sind nicht geboren, um
majestätische Erhabenheit zu berühren und zu leuchten, um die Geister in
den Augen ihrer Nationen zu lenken und ungeformte Nachkommen
auszustrahlen: Aber durch transzendente Barmherzigkeit sind alle geboren,
um in ein edleres Erbe einzutreten als diese, wenn jeder nur willens ist, im
Dienst der Pflicht das Vorrecht des Menschen richtig zu wählen: Welche ist
weitaus angenehmer als Blumenpfade, als die wärmste Anhäufung
häuslicher Freuden und stolzer als die stolzesten Rufe des Ruhms, die einer
Tat folgen, die nicht im Gewissen vollbracht wurde.

Die gerechte Pflicht, ganz anders als die Plage des Todes,
deren düstere Gegenwart Menschen dem Verderben preisgibt, erhebt sein
Wesen zu einem seligeren Leben. Ihr steht ein weites Landgut offen, das
Armen und Reichen gleichermaßen offen steht: Hier kann sich der
primitivste Bauer als ihresgleichen neben den Baronen bewegen, und jene,
die dienen, sind so groß wie jene, die herrschen: Hier atmet ein
beschmutzter Handwerker, der bloß die Platten einer eisernen Festung

verriegelt, den Stolz jenes ausgebildeten Häuptlings, der ihre Kanonen
befehligt; und einer, der ein einzelnes Stück zielt oder abfeuert, beansprucht
die Ehre des Geistes, der den Krieg plante.

Gerechte Pflicht, schwer und gefährlich zu erfüllen,
genaue Hingabe, die absolut ist, bevor sie den Himmel ihres Lächelns
offenbart; und mit Elend den verräterischen Sklaven zerfrisst, der, nachdem
er ihr Gesicht gekannt und sich auf ihren Befehl bewegt hat, in Trägheit
verfällt oder einen Leibeigenen in seine eigene Basis drängt Wünsche: –
Geschworener Ritter, bewaffnet mit Kettenhemd und dem Schwert des
Beweises, aber mit Lob überredet er brutale Unwissenheit, und mit den
verschwendeten Herzen ehrlicher Männer, die das Monster vollstopfen,
zieht er aus, um es zu töten. Aber wer so treu ihr Gesetz verehrt, als
ursprünglich und von jedem Mangel überragend, indem er scharfe Gefahr
zu seiner Stärke macht, die Hindernisse in vergangene Freude verwandelt,
die gerechte Pflicht mit ihrer himmlischen Liebe erfüllt, aus der die
mystische, segensreiche Herrlichkeit erwächst:
Und die aus der Pflicht geborene Herrlichkeit ist eine Krone
aus Licht.

Und alle so gekrönt erleuchten ihre Arbeit
in einer Pracht , die kein irdisches Auge durchdringen kann,
und wissen, dass jeder Samen, den sie setzen, und jeder Stein, den sie
setzen, und jede Wahrheit, die sie erreichen, sich vereinen, um eine
wohlgeplante Stadt in einem regierten Land zu gründen, in deren Mitte ein
Tempel errichtet wird, der hoch aufragt , um Gott zu preisen.
Und jeder sieht seine Arbeit verherrlicht,
wie der Arbeiter am Schreibtisch, ein König auf seinem Thron oder der
Erbauer der Brücke: Der Schreibtisch erstrahlt in Glanz wie ein königlicher
Thron,
der Thron strahlt wie eine Sonne, die Brücke überspannt den Tod – ein
Pfad zu den Sternen.

MÄRZ 1865.

# NELLY DALE.

Ach, Nelly Dale, fast fünfzig Jahre sind vergangen,
seit du und ich gemeinsam aufgebrochen sind, beide so fröhlich wie das
Sommerwetter, das unseren Weg zum See säumte, so reich an Blüten und
dem üppigen Duft des Geißblatts, dass es wie ein goldener Garten lächelte,
fröhlich vom Geflatter der Insekten auf dem ganzen Weg!

Die Kühe waren weiß und glatt wie Seide
bei Flowerdew, wo wir mit Krug und Kanne Milch holten. Die Kanne, die
du trugst, klimperte und wirbelte, als du dein neues, lila gestreiftes Kleid
zerrisst, während du diesen hohen, unförmigen Zauntritt überquertest.

Wir verließen mittags die Tore unserer Hütte und
bogen den staubigen Hügel hinab in eine trockene Wassergasse ab, die wir
als Ausgangspunkt unserer Unterhaltung nutzten. Wir waren zu schüchtern
und sprachen nicht, bis die doppelten Reihen der Weiden an ihren
schattigen Ufern uns von der Straße abschlossen und wir alles waren, was
wir sahen und sehen wollten.

Als wären wir aus der Schule entlassen worden, rannten wir,
bis wir uns Schritt für Schritt eingefunden hatten, um sogar Seite an Seite
zu gehen; und obwohl wir versuchten, Abstand zu halten,
klirrte der Krug ständig gegen die Dose! Als wir einmal auf einem oberen
Pfad innehielten, der eine große, mit Mathematik gerippte Weide
umsäumte, sahen wir die Aussicht offen in einem fernen, transparenten
Himmel verschmelzen. Eine Fantasie entfachte sich, und ich fing an, „Tom
the Piper's Son" zu pfeifen, und fragte mich, ob ich als erwachsener Mann
bleiben sollte Trampeln oder planen Sie, wie andere es immer getan haben,
oder in ein wundersames Land, über die Hügel und weit weg! Aber wende
dich deinem anmutigen Gesicht zu,
der geöffneten Blume der einheimischen Anmut
, die einen Charme auf heimelige Wege ausübt, der Prahlerei deiner Mutter,
ihrem ständigen Lob. Ich war hier zufrieden und hoffte, dass ich nie aus
den Augen meines Schatzes verschwinden würde.

Ach, mir, unserer jungen Freude, auf dieser Gasse so weit weg von zu
Hause umherzustreifen
! Lachen und Geplapper über dies und das; reifende Erdbeeren, Mäuse und
Katzen; der Geburtstag steht vor der Tür; die Geburtstagsüberraschung ,
mit
etwas besonders Gutem zu essen, und Johannisbeeren, Schlüsselblumen,
Holunderwein, wie echte Lords und Ladies speisen!

Gleichermaßen erfreut unser Schweigen als nächstes;
Ich tue so, als ob du verärgert wärst ,
wenn ich mich umdrehe, um dich zu küssen, und dein Hut ganz schief fällt,
und du sofort die Schnüre löst, um ihn wieder ordentlich gerade zu rücken;
Wie pfiffig die Bänder zu den Bögen funkeln, die verächtlich zur Seite
gedreht werden, bis sie von deinen flinken Fingern fixiert und
freundschaftlich vermischt wieder zusammengefügt werden! Momente
gegenseitiger stummer Überraschung führten Gespräche mit unseren
flüchtigen Blicken, als wir weitergingen, alles schien seltsam, reich und
schön, während wir flüchtige Blicke auf das träumten, was nur Engel mit
großen Flügeln jemals erkannt haben.

Wir wussten nicht, ob du oder ich
den prächtigen Schmetterling zuerst sahen, der zitternd um uns schwirrte,
als wir uns umdrehten, um zu sehen, wie Blau und Purpur in Blitzen
zwischen diesen errötenden Flügeln brannten! Nelly, ich sehe, wie du die
Lerche beobachtest, die hoch flattert und strebend singt. Wir beide
beobachten sie, bis uns die Augen dunkel werden, und fragen uns, wohin
sie im saphirblauen Äther über uns geflohen ist
. Obwohl sie verschwunden ist, klingt ihr Entzücken noch immer und
erfüllt unsere Brust mit Erregung, während sie langsam unseren
gewundenen Weg entlang marschiert. wenn strahlend, siehe
, von irgendwoher taucht unser freundlicher Schmetterling wieder auf
und nähert sich einem Spinnennetz, in Stechpalme gesponnen, mit
Regenbogenfarben, die die Sonne umfangen, und zieht schüchterne Kreise,
bevor er landet, verstrickt in der Mühsal des Todes! Vorwärts springe ich,
ohne zu atmen, um den Teufel mit hoch erhobenen Ellbogen um diese
Glieder und Flügel wirbeln zu sehen und seinen Faden zu wirbeln, um die
Chance des Fliegens zu vereiteln. Das Schicksal hängt von einem einzigen
Augenblick ab und macht die eifrigen Fänge des Dämons bereit, diese
sylphische Brust zu durchdringen! Ich zwicke sanft in die Flügelspitzen, um
ihn plötzlich aus der Gefahr zu locken; führe mit meiner Mütze einen
schnellen Schlag aus und schleudere den Feind nach unten durch das Gras,
das sicher zu Staub zerquetscht wurde. Dort zittert er auf meinem
ausgestreckten Zeigefinger, eine Weile verweilen seine Ängste, zweifelnd,
ob er seinen Flügeln noch trauen kann, bevor er mit ein oder zwei
kühneren Flügelschlägen in das luftige Blau flattert.

Könnte ein sterblicher Junge widerstehen,
wenn du mit rosigem Schmollmund gen Himmel Deine Lippen zum
Küssen anbotest; Frisch wie Nelken, die aus taufrischen Hüllen im
Sommermorgengrauen hervorbrechen, Doch blass auf den nebligen
Rasenflächen! Wir gehen bald von der schattigen
Pracht weg, um uns dem geschwungenen Nachmittag zu stellen, Wo weit

um die sonnenbeschienene Sonne Auf der Wiese liegt und fest schläft. In der Nähe von Büschen, eins nach dem anderen, Um einen Teich geschmiegt, Sind die Schafe verstreut und dösen in anmutigem Schatten; Und die dunstigen Kornfelder jenseits der Lichtung, Wellenförmiger und blendender Anblick, Scheinen zu zittern nach dem vorherbestimmten Flug In Welten unentdeckter Freude. In strahlendem Glanz, ihre stattlichen Blicke, gesetzt wie Pfarrer, die Bücher lesen, Stolzieren grauschnäbelige, wippende Krähen in der Herde
; oder wenn sie Flügel bekommen,
Zupfen sie mit gefingerten Federn die warme Luft,
Mühsam , besorgt, ob Gewicht und Größe
den Flug gefährlicher oder klüger machen! Nelly, wir schlenderten weiter und weiter an Hecken entlang, die hell überhangen und mit dichten Schneeschauern aus Geißblattsternen besprenkelt waren; wo die Windenblüten üppig und mondweiß edel leuchteten, und wiegten uns über grünen Abgründen, inmitten des honigartigen Klangs der Bienen, leicht im Duft der Brise.

Vorbei an den silbrigen Edelsteinen des Sternkrauts,
an den warmen, rehbraunen Stängeln des Ahorns vorbei, Launen, die die Eiche und die Dornen knorrig machten, Ein plötzlicher Schrei wütender Verachtung erschreckt uns aus der nahen Hecke; Von dort fliegen zwei verstörte, wilde Amseln und stoßen schreckliche Rachedrohungen aus! Während wir, die angezündet haben Dieses zornige Feuer wundert sich darüber, wie unharmonische Kehlen diese sanften, melodischen Töne stimmen können. Das lauschende Ohr des zärtlichsten Liebhabers dreht sich bei gleichmäßiger Verzückung um, um zu hören!

Aber wenn ich jeden Anblick
an diesem Nachmittag besingen würde, der Freude bereitete, würden diese Schätze meine Schar über den Rahmen meines Liedes hinaus drängen; deshalb, Nelly, um genau zu sein, kauften wir die Milch und zahlten den Preis, der in diesem ländlichen Paradies berechnet wurde. Die Brötchen von Butter, die Gläser mit Sahne, Rührbesen und saubere Pfannen scheinen jetzt, durch fünfzig Jahre vergangener Zeit, die Erinnerungen an einen Kinderreim oder eine Geschichte wie „Die Babes im Wald", geschrieben für Kinder, um sie gut zu machen .

Nach Hause gingen wir in nüchterner Stimmung;
Glücklicherweise ließ uns die Last, die wir durch Zaunpfosten und Tore tragen mussten, oft zögern, unsere Hände zu wechseln und die Last zu erleichtern, indem wir beide zusammenwirken ließen.
Endlich wussten wir, dass es spät wurde,
weil wir sahen, wie unsere Schatten aufstiegen, unsere Bewegungen verspotteten, dreimal so groß wie wir, und treu im Phantomtempo blieben

und uns zu einer Elfenrasse verführten, um einen Feenschatz zu finden;
Alles im Spiel! Was auch immer sie sagen mögen, wir wussten, dass unser
Leben dafür bezahlen musste! Beide begannen zu plaudern und zeigten, wie
erfreut wir waren, die staubige Straße noch einmal zu beschreiten; und
ruhte dort, wo die Bäche auf halber Höhe des Hügels entspringen; wo
Mägde und Frauen ihre Krüge zum Füllen bringen und an der Quelle
klatschen. Wir durften nicht damit aufhören, über uns selbst zu klatschen,
da wir den Gipfel noch nicht erreicht hatten, wo sich, beginnend vor dem
Mond, unser Kirchturm beschleunigte, sich erhob und immer höher tanzte,
während wir vorankamen, und plötzlich aufhörte, sobald wir auf dem
waren Ebene; Dann stand deine Mutter am Tor und war ungeduldig, dass
wir so spät draußen waren. Sie fragte, wie und warum und wann. Worum
ging es uns? Obwohl wir an diesem Tag so viel sahen,
hatten wir damals wenig zu sagen und erzählten ihr eine verwirrte
Geschichte von Kleidungsstücken, die von einer zersplitterten Reling
zerrissen wurden; von Spinnen, Amseln, Schmetterlingen; von so nahen
Türmen, die so weise aussahen! Von gespenstischen Schatten, einige
Übrigens, das hatte uns zum Spielen verleitet, obwohl sie bestimmt gewusst
haben mussten, dass wir uns so beeilen sollten, wie wir konnten! wie „spät"
und „Abendessen" und „Bett"; und heller durch einen dunkler werdenden
Himmel.
Eine Million Sterne leuchteten über meinem Kopf,
und Fledermäuse flogen schnell und lautlos.

Wenn die Erinnerung sich zu dir schwingt,
nähre ich meinen Glauben, um es für wahr zu halten. Denn einen Tag,
Nelly, warst du mein! Ach, Liebste, war dieser göttliche Tag, der uns für
immer eins machte! Die Kinderworte, an die ich mich jetzt erinnere, von
Tom, dem Sohn des Pfeifers, einer Melodie, die ich an diesem Tag im Juni
sang, haben sich als Vorspiel zu meinem Schicksal erwiesen! Wir waren
nicht dazu geschaffen, als Mann und Frau den Willen des anderen zu
übersetzen: Und obwohl ich nicht untröstlich war,
wie Burns, als er sich von seiner Mary trennte und den Duft seines Lebens
verlor, bist du mir doch nah und lieb! Denn auf der Brücke unter dem
Hügel sehe ich dich noch so süß lächeln; und in deinen klaren, weit
geöffneten Augen das weite Wunder des Himmels. Während jede
nachdenkliche, zierliche Anmut wohlzufrieden in deinem Gesicht ruht,
vereinen sich alle Faszinationen der Rose in deiner Gegenwart. In der Tat,
von leuchtendem Haar bis zu den Füßen, so leicht ausbalanciert, so
vollständig geformt, scheinst du ein Wesen zwischen einer Blume zu sein,
der Ruhm einer strahlenden Stunde, und dazu bestimmt, den Ansprüchen
der Unsterblichkeit gerecht zu werden.

Deine Schönheit verleiht gewöhnlichen Dingen ihren Wert, wie das gute
Wort einer Königin oder eines Königs
: Was deine roten Finger halten können, hängt dort lieblicher als das reinste
Gold. Und wie die Armen, die durch Zufall reich geworden sind, in ihrer
Verschwendungssucht schwelgen, tobt meine Fantasie auf den Feldern und
bringt ihr immer mehr Reichtum ein: Und an deinem Türsturz, an der
Laube aus Weinblättern, die die Mittagshitze abschirmen, sind die Trauben,
die
dort klein und sauer
hängen , in ihrer Blüte weich und mehr als süß!

Ich betrachte spielende Kätzchen,
schwarz, schildpattfarben, weiß oder silbergrau; oder Entenküken, die auf
dem Wasser gleiten, gelb und weich und mit schlichten Augen; oder
ordentlich geformte Küken, die sich verirren und
unaufhörlich auf ihrem Weg picken; jedes so gepflegte, vollendete
Geschöpf ,In perfekter Bewegung, Farbe und Zügen: Eine törichte
Traurigkeit lässt mich seufzen. Ihnen fehlt die Unveränderlichkeit. Aber du,
meine Nelly, bist immer jung. Frisch und glücklich wohnst du inmitten der
leuchtendsten Blumen und gedeihst dort, wo die Wiesen immer frisch und
schön sind. So wie du warst Dann sehe ich dich jetzt, stehend unter einem
Apfelzweig; dein Gesicht inmitten seiner Blüten, strahlend mit rosigem
Lachen und Freude, du scheinst eine Blüte zu sein, die die teilweise Sonne
gewählt hat, um eine größere zu machen.

Wie mag Ihre Pilgerreise gewesen sein,
seit wir beide unsere Eden-Tage verloren haben, habe ich nie voreilig
versucht, Nachlese zu halten; und weiß nicht, ob Ihre Kindheitswege von
Ihren jungfräulichen Füßen betreten wurden, als Sie, errötet und
schüchtern vor Hoffnung und Angst, Ihren herumlungernden Verehrer
trafen und den Klängen lauschten, die Sie so liebten! Aber wenn Ihr Herz
manchmal Lust hatte, wieder entlang unserer Geißblattallee zu wandern, in
anmutigem Flug, hätte Ihre Erinnerung Freude daran gefunden, wieder als
Kind dorthin zu wandern! Und wenn Sie eine Matrone wurden, mit den
Sorgen und dem täglichen Streit einer Matrone; dem Schmerz und
Kummer, dem Schmerz und der Schuld, gemischt mit der Freude, eine
Ehefrau zu sein, weiß ich nicht. Aber dessen bin ich sicher, dass, wenn Sie
mit Töchtern gesegnet waren, sie Ihr strahlendes Beispiel lockte, durch
Wege, die sich durch Weisheit als die besten erwiesen haben,
und mitfühlendes, großzügiges Vertrauen, um freundlicher als gerecht zu
sein. Wenn alte Erfahrungen noch immer zutreffen und das Kind Ihrer
Tochter Ihnen im Laufe einer Generation ähnelt, dann wird nach diesem
glücklichen Gesetz vielleicht eine andere Nelly zu sehen sein, die einen
anderen Dorfplatz schmückt; dort so heimisch wie der Morgentau; oder

Lerchen in der Luft, die uns, wenn sie aus dem Blickfeld verschwinden,
durch das zitternde Blau heben
, um mit ihnen in Ekstase zu schweben; oder Primeln, deren willkommene
Gesichter von sonnigen Ufern und schattigen Orten zart in blassem Gold
schimmern, gefangen, als der frühe Morgen anbrach, als sie im Traum des
Tageslichts
verliebt aus dem feuchten Boden erwachten.
Und wenn eine Nelly, wenn auch mit geändertem Namen,
ihre schönen Gaben dieselbe Anmut aufweisen, die zuvor unbekannte
Vorfahrinnen bezauberte, dann strahlt immer noch eine Freude, die den
Reisenden an der Tür Ihrer Hütte segnet;
der, erfreut, in späteren Jahren die Erinnerung an Ihr verspieltes Gesicht
aufzuspüren, bei Ihrer Anwesenheit verweilen kann, während Sie sich
immer noch lächelnd vor ihn wenden.

NOTIZ.

Die beiden Teile von „My Beautiful Lady" mit den Titeln „My Beautiful
Lady" und „My Lady in Death" wurden 1849 geschrieben und am 1. Januar
1850 in „The Germ" veröffentlicht, einer Zeitschrift, die nur vier Ausgaben
herausbrachte. „Dawn" und „My Lady's Glory" wurden ungefähr zur selben
Zeit geschrieben; alle anderen Gedichte entstanden jedoch zwischen 1857
und 1861. Die erste vollständige Ausgabe erschien 1863, die zweite 1864 und
die dritte 1866.

„Nelly Dale" wurde 1886 geschrieben.

TW